도덕경의
빗장을 풀다

도덕경의 빗장을 풀다

발행일   2022년 3월 30일

지은이   노자老子   옮긴이   성기옥
펴낸이   손형국
펴낸곳   (주)북랩
편집인   선일영   편집   정두철, 배진용, 김현아, 박준, 장하영
디자인   이현수, 김민하, 허지혜, 안유경   제작   박기성, 황동현, 구성우, 권태련
마케팅   김회란, 박진관
출판등록 2004. 12. 1(제2012-000051호)
주소   서울특별시 금천구 가산디지털 1로 168, 우림라이온스밸리 B동 B113~114호, C동 B101호
홈페이지 www.book.co.kr
전화번호 (02)2026-5777   팩스   (02)2026-5747

ISBN   979-11-6836-243-7 03150 (종이책)   979-11-6836-244-4 05150 (전자책)

道德經

주역의 무위 도덕으로 치국을 논한

도덕경의
빗장을 풀다

노자(老子) 지음 | 성기옥 옮김

 북랩

도법자연으로 논한 치국

고전의 풀이에서 우리말 풀이를 오히려 이해할 수 없는 경우가 종종
있는데, 『도덕경』이 그러하다. 첫 문장인 도가도비상도(道可道非常道)
명가명비상명(名可名非常名)을 예로 들면 "말로 형상화된 도는 늘 그
러한 원래의 도가 아니며, 말로 형상화된 이름은 늘 그러한 실제의
이름이 아니다"라고 사전에 등재되어 있다. 50여 자의 기초한자만
익혀도 쉽게 풀이되어야 할 뜻이 왜 이처럼 모호한지 여전히 알 수
없다.

　과연 노자가 이러한 뜻으로 말했겠는가? 문장이 문장으로서 잘
기능하려면 주어가 있어야 하고 그 뜻이 명확해야 한다. 명확하지
않을수록 후인의 추론은 덧붙여질 수밖에 없다. 추론이 합리적이라
는 생각이 들면 설령 거짓일지라도 수긍할 수 있을 것이지만, 위와

같은 풀이는 수긍하기 어렵다. 모호한 도와 명분이라면 노자의 사상을 받아들일 만한 가치가 있을 것인가?

이러한 의문을 풀기 위해 사상의『도덕경』이 아니라 문장 구성의 수미일관과 논리성 여부로서의『도덕경』을 살펴보기로 한다. 제아무리 심오한 사상일지라도 후인은 문장으로밖에 알 수 없으므로 올바른 문장 구성이 우선되어야 할 것이다.

『천자문』의 누관비경(樓觀飛驚)에서 누관대(樓觀臺)는 노자가 민중에게『주역』을 설파한 장소로 알려져 있다. 그렇다면『도덕경』은 주역의 점괘를 풀이한 서적이 아닐까 하는 전제하에 새로운 시각으로 바라보게 된 계기이다. 판본은『왕필본(王弼本)』을 사용했으나 판본 자체에 큰 의미를 부여하지 않고 문장의 명확한 내용 전달 여부만을 살피려 했다.

왜 노자는 불과 5천여 자의 문장으로 온갖 억측을 낳게 했을까? 대의의 훌륭함 여부는 차치하고서라도 이러한 억측을 낳게 하는 문장이 과연 칭송받을 만한 문장인가?『도덕경』을 대하면서 끊임없이 가졌던 의문이다. 그동안 아무리 노자를 읽어도 우리말 이해가 오히려 어려웠으나 64괘로써 치국의 도덕을 설명한 서적이라는 전제하에 풀이해 보니, 수미일관의 논리로 구성되었음을 알 수 있었다.

『주역』은 점복(占卜)의 원전으로 팔괘(八卦)를 바탕삼아 64괘로 천지 만물의 현상을 설명하고, 처세의 지혜를 깨닫게 해 준다는 서적이다. 64괘로 사물의 현상을 설명하므로, 기호만으로는 매우 간단한 서적이지만 문장으로 체현할 점괘의 표현은 매우 까다롭다.『도덕경』5천여 자는 행간에 점괘의 설명을 덧붙이면서 표현하기 어려운 부분은 제외하고 치국의 총론만 전해진 문장이라고 추측할 수 있다.

『도덕경』이『주역』점괘의 풀이로 치국의 도를 펼친 문장이라면 효사(爻辭)와 괘(卦) 등에 관한 기본 이해가 필요하다.『주역』을 구성하는 최소의 상징 단위는 음양의 표시로 ━을 양효(陽爻), ━━을 음효(陰爻)라고 한다. 양효는 양기, 음효는 음기를 상징한다. 효는 본받는다는 효(效)를 나타낸다. 괘(卦)는 점을 쳐서 결과를 보인다는 말과 같다. 팔괘는 각각 세 개로 이루어진 양효와 음효의 조합이며 속성은 다음과 같다.

〈건괘(乾卦☰)〉는 하늘, 〈태괘(兌卦☱)〉는 연못, 〈이괘(離卦☲)〉는 불, 〈진괘(震卦☳)〉는 우레를 상징한다. 〈손괘(巽卦☴)〉는 바람, 〈감괘(坎卦☵)〉는 물, 〈간괘(艮卦☶)〉는 산, 〈곤괘(坤卦☷)〉는 땅을 상징한다. 이 여덟 가지 기호를 팔괘라 한다.

팔괘만으로는 만물의 법칙을 설명하기에 부족하므로 각각 한 번씩 곱하여 64괘로 만들었으며, 64괘는 6효(爻)의 조합으로 이루어지므로 64괘×6효=384효가 된다. 이 384효 각각에 만물과 인간사에 대한 설명이 따르며 이 효사의 종합 설명 부분을 〈대상(大象)〉이라 한다. 상(象)은 유추한다는 뜻으로 점괘의 종합 분석과 같다. 본문 곳곳의 상(象)은 〈대상〉으로 64 점괘의 종합 설명이다.

『도덕경』은 제37장까지를 〈도경(道經)〉, 나머지를 〈덕경(德經)〉으로 나누고 있으나 내용상으로는 구분되지 않는다.『주역』 64괘에 따른 구분이라는 주장은 긍정하지만, 본 풀이에서는 문장 구성의 수미일관과 논리성 여부만을 살폈으므로 구분에 의미를 두지 않았다.

제70장까지가 노자의 주장이며, 제71~79장은 후인의『도덕경』평론이라는 점을 알 수 있다. 후인의 평론으로 풀이하지 않으면 제70장 이전의 내용과 모순된다.『왕필본』의 제80, 81장은『백서본(帛書本)』에는 제67, 68장에 배열되어 있다.『주역』점괘의 설명이라는 전제하에서는『백서본』의 배열을 긍정할 수 있다.

『주역』은 주나라를 개창(開創)한 문왕(文王)이 만들었으므로 제71장까지와 제80, 81장에 나타난 성인은 대부분 문왕으로, 제71~79장의 성인은 노자로 풀이했다.

본서의 풀이에서 ( ) 부분은 점괘의 풀이에 따른 보충이며〔 〕부분은 이해를 돕기 위한『한비자(韓非子)』의〈유로(喩老)〉,〈해로(解老)〉등의 인용이다.『한비자』두 편은『도덕경』구절의 인용이므로『도덕경』의 이해에는 두 편의 열독(閱讀)을 권한다.

본 풀이에서는『주역통해(周易通解)』(齊魯書社, 2004)와『도덕경』을『주역』점괘 풀이로 인식한 양길덕(楊吉德)의 견해가 많은 도움이 되었다. 이외의 논문이나 저서 등은 일부러 참고하지 않았다. 800여 자의 기초한자만 알면 충분히 읽어낼 수 있는 서적이어서『주역』점괘를 바탕 삼아 사전만으로 그 뜻이 통하지 않는다면 잘못된 문장이며, 당시의 민중에게 설파했다면 그 언어는 당연히 쉬웠을 것이라는 전제하에 풀어 보고자 했기 때문이다.

『주역』도는 자연의 이치를 법식으로 삼은바 통치자는 자연의 섭리처럼 치국해야 한다는 도법자연(道法自然)의 일관된 주장이『도덕경』의 핵심 사상이다.

점괘를 바탕으로 삼은 풀이의 방향이 긍정될 수 있다면 제현의 진일보한 풀이가 계속 이어지리라 기대한다. 출간에 힘써 주신 북랩 출판사에 감사드리며 무궁한 발전을 기원한다.

2022년 3월
성기옥 삼가 쓰다

차 례

1부

노자의 주장

道可道 非常道. 名可名 非常名.
도 가 도 비 상 도 명 가 명 비 상 명

無名 天地之始 有名 萬物之母.
무 명 천 지 지 시 유 명 만 물 지 모

故常無欲 以觀其妙. 常有欲 以觀其徼.
고 상 무 욕 이 관 기 묘 상 유 욕 이 관 기 요

兩者同 出而異名. 同謂之玄 玄之又玄 衆妙之門.
양 자 동 출 이 이 명 동 위 지 현 현 지 우 현 중 묘 지 문

『주역』 도는 (치국할) 도로 올바르지만 (무도한 통치자는) 상용할 도를 비난한다. (점괘의) 명분은 치국할 명분으로 올바르지만 상용할 명분을 비난한다. (점괘의) 욕심 없는 명분은 천지의 시작에서 (취했으며), 소유한 명분은 만물을 (기르는) 어머니 (역할이다).

그러므로 상용할 도는 (자신의) 무욕함이며, 이로써 그 묘리(妙理)를 관찰할 수 있다. 상용할 도는 (타인을 돕는) 소유욕이며, 이로써 타인의 요행(徼倖)을 관찰할 수 있다.

(자신의 무욕함과 타인의 요행이라는) 양자는 한결같아야 하는 명분이지만 (통치자가 사욕을) 드러내면서부터 다른 명분이 된 것이다. 한결같아야 현묘하다고 일컬을 수 있으며 한결같아야 현묘하고도 현묘한 도로, 수많은 묘리의 대문과 같다.

❀ 풀이

총론으로 觀이 풀이의 핵심이다. 可道 올바른 치국의 도라고 풀이하면 더 자연스럽다. 觀〈관괘(觀卦)〉로 위에서 아래를 '관찰한다'와 아랫사람이 믿고 우러러본다는 뜻을 함께 가진다. 제25장의 내용과 비슷하다.

非 비난하다, 등지다. 徼 요행(徼幸)과 같다. 어려운 일이 우연히 잘 되어 다행이다, 뜻밖의 행복, 심원한 경지. 『주역』 점괘의 특성을 잘 나타내는 말이다. 『도덕경』이 점괘의 풀이라는 근거이다. 同 한결같다. 衆妙 많고도 훌륭한 도, 모든 묘리(妙理).

天下皆知美之爲美 斯惡矣. 皆知善之爲善 斯不善已.
천하 개 지 미 지 위 미 사 오 의 개 지 선 지 위 선 사 불 선 이

故有無相生 難易相成 長短相較 高下相傾 音聲相和
고 유 무 상 생 난 이 상 성 장 단 상 교 고 하 상 경 음 성 상 화

前後相隨.
전 후 상 수

是以聖人處無爲之事 行不言之敎. 萬物作焉. 而不辭.
시 이 성 인 처 무 위 지 사 행 불 언 지 교 만 물 작 언 이 불 사

生而不有. 爲而不恃. 功成而弗居. 夫唯弗居 是以不去.
생 이 불 유 위 이 불 시 공 성 이 불 거 부 유 불 거 시 이 불 거

　　천하의 통치자들이 모두 (다른 도를) 찬미할 만하다고 지각하여 찬미할 만한 치국의 도로 삼는다면, 이 (『주역』 도는) 모두 싫어하게 될 것이다. 천하의 통치자들이 모두 다른 도를 최선이라고 지각하여 선정의 도로 삼는다면, 이 『주역』 도는 불선(不善)일 뿐이다.

　　왜냐하면 (『주역』 도는 일방에 치우침이 없이) 유무는 상호 생성, 난이(難易)는 상호 성취, 장단은 상호 비교, 고하(高下)는 상호 경향, 음성은 상호 화음, 전후는 상호 수반으로 여기기 때문이다.

　　이러한 (상호의 원리를 바탕삼아 『주역』을 만든) 성인 문왕은 (점괘의 교훈으로) 무위의 일을 처리하고, 형언할 수 없는 교화를 실행했다.

　　만물의 생장을 조작할 수 있겠는가! 그렇다면 점괘로써 설명할 수 없었을 것이다. (조작할 수 있다면 점괘가) 탄생했더라도 근본 원리를

설명하는 위치를) 점유하지 못했을 것이다. 세상을 위한다고 할지라도 믿음을 주지 못했을 것이다.

(『주역』도는) 공이 이루어져도 '독차지하지 말라'고 한다. 대장부도 (낮은 위치에서 '예~ 예!'라고 부름에 응할 뿐, 공은) 독차지하지 말라고 하니, (백성은 이러한 도를 펼치는 자에게서) 떠날 수 없는 것이다.

❀ 풀이

聖人處無爲之事가 풀이의 핵심이다. 문왕이 유리(羑里)의 감옥에 갇혔을 때 『주역』괘를 만들고 서복(筮卜)의 도를 설명한 장이다. 서복은 『주역(周易)』점의 별칭이다. 辭 또한 풀이의 핵심으로 점괘를 풀어놓은 『주역』괘사(卦辭)를 말한다.

之 『주역』이외의 모든 도. 斯 『주역』의 도. 惡 오로 읽는다. 미워하다, 싫어하다. 已 그치다, 끝나다. 居 독차지하다, 점거하다. 辭는 시(始)의 잘못이며 焉은 어색하며 生而不有는 연문(衍文)이라는 주장은 긍정하지만, 자의대로 풀이해 둔다. 焉 반어의 의문사로 풀이해 둔다.

而 그렇다면. 唯 유유(唯唯)와 같다. '예~ 예!' 공손한 대답, 긍정의 대답. 弗 ~말라, 아니다. 去 가다, 버리다, 제거하다.

미추, 유무, 장단, 난이, 고하, 음성, 전후의 상호 관계는 음양의 관계가 아니지만, 이러한 관계의 통찰로 음양의 이치를 깨달아 『주역』의 근본 도를 이끌었다는 뜻을 함축한다.

不尙賢 使民不爭. 不貴難得之貨 使民不爲盜.
불 상 현 사 민 부 쟁   불 귀 난 득 지 화 사 민 불 위 도

不見可欲 使民心不亂 是以聖人之治. 虛其心 實其腹.
불 현 가 욕 사 민 심 불 란 시 이 성 인 지 치   허 기 심 실 기 복

弱其志 强其骨. 常使民無知 無欲 使夫智者不敢爲也.
약 기 지 강 기 골   상 사 민 무 지 무 욕 사 부 지 자 불 감 위 야

爲無爲 則無不治.
위 무 위 즉 무 불 치

숭상할 필요가 없을 정도로 (백성을 위해 힘쓰는) 현군이라면 백성을
사역시켜도 백성의 이익을 쟁취하지 않을 것이다. (이 정도의 현군이
라면) 얻기 어려운 재화를 귀하게 여기지 않아서 백성을 사역시켜도
백성은 통치자를 도둑으로 여기지 않을 것이다. 눈곱만큼도 욕심 없
는 마음으로 백성을 사역시키는 현군의 마음은 일사불란(一絲不亂)이
니, 이것이 바로 문왕 같은 성인의 정치이다.

(지금 무도한 통치자들은 오히려) 위민의 마음 없이 자신의 배를 채운
다. 위민의 의지를 약화하여 자신의 골육을 강화한다. 상용으로 백
성을 사역시키면서도 백성을 무지하게 하고 백성의 의욕을 없앤다.
대장부를 사역시킬 지혜로운 자는 감히 작위조차 못 할 일이다.

백성을 위하는 근본 도는 위한다는 마음조차 없어야 하니, 그러한
마음이어야 통치 못 할 일이 없을 것이다.

❀ 풀이

不尙賢 하늘을 상징하는 〈건괘(乾卦)〉의 원형리정(元亨利貞)으로 4가지 덕을 지니고 사물의 근본 원리를 통찰할 수 있는 현군을 가리킨다. 尙 숭상하다. 虛其心 實其腹 弱其志 强其骨 긍정으로 풀이하면 수미일관하지 않는다.

見 현으로 읽는다. 출현하다. 不見 나타낼 수 없다, 눈곱만큼도 욕심 없는 마음. 不亂 일사불란(一絲不亂), 백성을 위하는 마음이 조금도 흐트러지지 않는다. 虛實弱强 부정의 뜻으로 쓰였다. 其 무도한 통치자. 實 채우다. 夫 대장부.

道冲 而用之或不盈. 淵兮. 似萬物之宗. 挫其銳 解其紛.
도 충 이 용 지 역 불 영   연 혜   사 만 물 지 종   좌 기 예   해 기 분

和其光 同其塵. 湛兮. 似或存. 吾不知誰之子 象帝之先.
화 기 광   동 기 진   담 혜   사 역 존   오 부 지 수 지 자   상 제 지 선

(『주역』도에 따른 치국의 능력이) 아직 성숙하지 않았는데도 치국의 도
로 사용하는 나라의 (통치자는) 백성의 욕구를 가득 채울 수 없다. 『주
역』도의 깊음이여! 깊음이여! 만물의 근원 같구나!

『주역』도로써 치국하면 (다른 나라의) 창끝을 좌절시키고, (국내의)
분란을 해소하고, 어둠을 물리치는 빛으로 화합시키며, 먼지같이 쓸
모없는 (법령을) 동화시킨다.

안타깝도다! 안타깝도다! 『주역』도에 따른 치국 능력의 침몰이
여! 침몰이여! 나라의 운명과 같이 존재하는구나!

나는 (『주역』도를 무시하고 치국하여 나라를 침몰시킨 통치자가) 누구의
자식인지는 모르겠지만, (무도한) 제왕의 선조를 둔 자식으로 유추
한다.

❀ 풀이

〈곤괘(坤卦䷁)〉는 팔괘 중에서 땅을 상징하는 〈곤괘(坤卦☷)〉의 중복 조합이다. 순후(順厚)한 덕을 상징한다. 통치자는 연못처럼 깊은 덕을 지니고 치국해야 하는데도 그렇지 못한 현실을 안타까워하고 있다.

坤은 土와 申의 결합으로 토지를 늘려 나간다는 뜻을 나타낸다. 〈곤괘〉는 6효로 구성되었으나 12효로 보이며 12효는 여러 자식 또는 대지 위에 형성된 만물을 상징한다. 淵 『주역』의 근본 원류는 깊다.

冲 어리다, 성숙하지 못하다. 盈 차다, 충만하다, 채우다. 或 역으로 읽는다. 국(國)의 고자(古字)이다. 挫 꺾다, 좌절하다. 和 화합하다. 同 함께, 합치다. 湛 침으로 읽는다. 미혹되다. 침몰과 같다. 兮 최상의 어조사로 형언할 수 없을 정도의 감탄이나 안타까움을 나타낸다.

象 『주역』 괘를 총합으로 설명한 〈대상(大象)〉을 가리킨다. 유추하다. 『도덕경』을 『주역』 점괘의 설명으로 풀이해야 할 근거이다.

和其光 同其塵에서 和光同塵의 성어가 생성되었다. 빛으로 화합시키고 먼지처럼 쓸모없는 세력도 동화시키다.

제05장 處用(처용) | 이용당할 위기에 처하면

天地不仁 以萬物爲芻狗. 聖人不仁 以百姓爲芻狗.
천 지 불 인 이 만 물 위 추 구   성 인 불 인 이 백 성 위 추 구

天地之間 其猶橐籥乎. 虛而不屈 動而愈出.
천 지 지 간 기 유 탁 약 호   허 이 불 굴 동 이 유 출

多言數窮 不如守中.
다 언 수 궁 불 여 수 중

(극도의 양기와 음기 상태에 이른) 천지처럼 (지금 열국의 통치자는) 인자한
마음이 없으므로 만물을 개 키우는 일로 삼는다. (인자하지 못한 주인은
필요에 따라 개를 키우므로 말을 듣지 않으면 개는 죽임을 당한다. 하물며 성인 문
왕조차도 (나라를 세울 때는) 인자할 수 없어서 백성을 (전쟁에 동원하는) 추
구로 여겼으니 (더 말해 무엇하겠는가)!

(지금 열국의 상황을 보면) 천지 사이에 풀무가 작동하는 것 같다. (풀
무가 바람을 빨아들였다가 내어 보내듯이 온갖 세력이 각축하는 형세이다. 그러한
각축 사이에서 백성의 고통은 끝이 없다).

허심의 통치자라면 백성을 추구처럼 굴종시킬 필요가 없지만, 전
쟁에 백성을 동원해야 한다면 갈수록 백성을 추구로 여기는 통치자
가 나타날 것이다. (또한 합종연횡을 도모하는 통치자들이) 여러 가지 말로
회유하는 술수는 극에 달할 것이니 (약소국의 통치자는 형세를 잘 살펴) 중
립을 지키는 것만 못하다.

❀ 풀이

〈건괘(乾卦☰)〉는 하늘을 상징하며 최상의 양기와 같다. 〈곤괘(坤卦☷)〉는 땅을 상징하며 최상의 음기와 같다. 최상의 양기와 최상의 음기는 음양의 조화와는 달리 서로를 포용하지 못한다. 결혼으로 치면, 가장 억센 배우자끼리 만난 것과 같다. 한쪽이 수그러들지 않는 이상 화합하기 어렵다. 강대국 사이에 처한 약소국의 생존 전략을 일깨워 준다.

芻 극에 달하다. 芻 짚, 기르다. 芻狗 개를 키우다. 자의대로 풀이하면 더 잘 통한다. 원래 짚으로 만든 개로 제물의 희생양 대신에 썼으며, 쓰고 난 후에는 내다 버렸다. 필요할 때는 중시하지만 그 일이 끝나면 내버리는 물건이다.

谷神不死 是謂玄牝. 玄牝之門 是謂天地根.
곡 신 불 사 시 위 현 빈 현 빈 지 문 시 위 천 지 근

綿綿若存 用之不勤.
면 면 약 존 용 지 불 근

〔겨울이면 만물은 대지 아래 잠복한다. 보리나 밀 역시 찬 기운에 꺾이어 생장하지는 못하지만 이에 맞서 완강한 생명력을 가지며, 이 완강한 생명력의 별칭이 곡신(穀神)이다. 이러한 까닭에〕곡신은 죽지 않으니 현묘한 암컷이라 불린다.

(자식을 가진 모체도 열 달 동안 온갖 산고를 치르는데, 하물며 인간을 구제할 곡식을 잉태하는데 어찌 강한 생명력이 필요하지 않을 것인가)!

이 현묘한 암컷의 자궁 문이야말로 바로 천지간에 곡식을 낳는 생식기라 할 수 있다. (보리나 밀은 혹한을 이겨내기 위해 뿌리를) 면면히 내린 채, 마치 생존만을 위해 (땅속을) 이용하여 힘쓰지 않는 듯이 보인다.

(〈둔괘〉의 도로 치국하면 곡신의 생명력처럼 약소국도 살아남을 것이다).

❈ 풀이

〈둔괘(屯卦☳)〉는 물을 상징하는 〈감괘(坎卦☵)〉와 우레를 상징하는 〈진괘(震卦☳)〉의 조합이다. 둔(屯)은 초목의 싹이 처음 힘들게 땅을 뚫고 나오면서 구부러진 모습의 형상이다.

숨을 은(乚)의 모습을 살펴보면 윗부분은 겨울의 보리나 밀 이삭처럼 짧게 솟아 있고 아랫부분은 길게 표시되어 뿌리의 깊음을 나타낸다. 삐침 별(丿)은 대지를 상징하며 대지 위로 초목이 겨우 싹을 내민 형세이지만 이조차도 뿌리가 깊어야 가능하다. 이러한 바탕에서 난감(難堪)하다는 의미가 파생되었다. 둔괘로 상징되는 곡신은 농작물의 생명을 관장하는 신이다. 제5장에 이어 약소국의 생존 전략을 일깨워 준다.

谷 곡(穀)의 가차(假借)이다. 표면적인 뜻은 골짜기이지만 여인의 둔덕을 상징한다. 玄 현묘하다. 牝 암컷, 골짜기. 골짜기는 자궁처럼 생겼다. 之 땅속. 골짜기의 둔덕으로 풀이해도 통한다. 根 뿌리, 생식기.

제07장 韜光(도광) | 감추어야 할 위광

天長 地久. 天地所以能長且久者 以其不自生 故能長生.
천 장 지 구 천 지 소 이 능 장 차 구 자 이 기 불 자 생 고 능 장 생

是以聖人後其身而身先 外其身而身存.
시 이 성 인 후 기 신 이 신 선 외 기 신 이 신 존

非以其無私邪. 故能成其私.
비 이 기 무 사 야 고 능 성 기 사

　하늘은 만물을 생장시키며 땅은 만물을 구존시킨다. 천지는 이러
한 능력으로 만물을 생장시키고 구존시키지만, 이러한 능력으로도
천지 자체는 생장할 수 없으므로 만물을 생장 및 구존시킬 수 있다.
　이와 마찬가지로 (천지 장구의 원리를 깨달은) 성인 문왕은 자신의 공
을 뒤로 돌리고 (백성의 이익을 우선해도 결과는) 자신의 이익이 우선되었
으며, 자신의 공은 제외해도 결과는 자신의 공이 보존되어〔문왕의
자손은 천억 명이라는 『시경(詩經)』의 노래가 존재할 정도이다. 성인
이라고 해서〕 사사로운 욕망을 없앨 수 있었겠는가!
　(그러나 〈몽괘〉의 도로 천지 장구의 원리를 깨달아 백성을 위했기 때문에) 사사
로운 욕망까지도 이룰 수 있었다.

⊛ 풀이

〈몽괘(蒙卦▤)〉는 산을 상징하는 〈간괘(艮卦☶)〉와 물을 상징하는 〈감괘(坎卦☵)〉의 조합이다. 앞길이 험난하여 갈 바를 모르고 멈춰 있는 상태를 뜻하지만, 올바름을 지키면 형통할 수 있는 격몽(擊蒙)의 원리를 제시한다.

天長과 地久로 나누어 풀이해야 수미일관한다. 韜 감추다, 비결, 활집. 邪 야로 읽는다. 풀이의 핵심이다.

제08장 易性(역성) | 〈수괘〉의 본성을 바꾸면

上善若水. 水善利萬物而不爭. 處衆人之所惡 故幾於道.
상 선 약 수   수 선 리 만 물 이 부 쟁   처 중 인 지 소 악   고 기 어 도

居善地. 心善淵. 與善仁. 言善信. 正善治. 事善能. 動善時.
거 선 지   심 선 연   여 선 인   언 선 신   정 선 치   사 선 능   동 선 시

夫唯不爭 故無尤.
부 유 부 쟁   고 무 우

　최상의 선정은 최상의 치수처럼 해야 한다. 치수가 잘되어야 만물을 이롭게 하고 분쟁이 일어나지 않을 것이다. (대홍수가 발생하면) 수많은 사람의 삶의 터전을 점거하여 상황이 악화하듯이, 이러한 까닭에 (다음과 같이) 몇 가지 상선 치수의 도를 따라야 할 것이다.

　백성의 주거지는 상선의 치수로 이룬 지세여야 한다. (통치자의) 마음은 상선의 치수로 이룬 연못 같아야 한다. 통치자의 간여는 상선의 치수 같은 인자함이어야 한다. 통치자의 말은 상선의 치수로 이룬 신용이어야 한다. 통치자의 정통성은 상선의 치수 같은 정치로 (입증해야) 한다. 통치자의 사업은 상선의 치수처럼 예견하는 능력이어야 한다. 대장부의 동원은 상선의 치수처럼 필요한 시기여야 한다.

　(상선의 치국이어야 치수를 담당한) 대장부들은 '예~ 예!' 하며 분쟁을 일으키지 않을 것이니 이러해야 원망하지 않을 것이다.

❈ 풀이

〈수괘(需卦☷)〉는 물을 상징하는 〈감괘(坎卦☵)〉와 하늘을 상징하는 〈건괘(乾卦☰)〉의 조합이다. 험난함을 극복하기 위해서는 경거망동하지 말고 때를 기다려야 한다는 교훈을 일깨워 준다.

上善若水 상선약치수(上善若治水)와 같다. 爭 전쟁하다, 분쟁하다, 쟁송(爭訟)하다. 處 점거, 대홍수가 휩쓸다. 所 장소, 삶의 터전과 같다. 幾 몇 얼마. 於 있다, 따르다, 의지하다. 道 상선약수의 도. 淵 연못, 근원. 尤 원망, 결점. 夫 치수를 담당한 대장부. 唯 '예~ 예!', 긍정의 대답.

持而盈之 不如其已. 揣而銳之 不可長保. 金玉滿堂 莫之能守.
지 이 영 지 불 여 기 이   췌 이 예 지 불 가 장 보   금 옥 만 당 막 지 능 수

富貴而驕 自遺咎也. 功遂身退 天之道也.
부 귀 이 교 자 유 구 야   공 수 신 퇴 천 지 도 야

　(이미 부귀와 권력을) 쥐고도 (소송하여) 더 채우려는 신하는 그치느니
만 못하다. 시기를 탐색하며 소송의 칼날을 예리하게 (벼려도 통치자가
이길 것이므로 소송한 신하의 권력은) 장기간 보증될 수 없다.

　소송하여 황금과 주옥이 집안을 가득 채울지라도, 어찌 능히 지킬
수 있겠는가! 그러한 신하는 부귀한데도 교만하여, 스스로 재앙에
빠질 뿐이다.

　〈송괘〉는 통치자를 보좌하여) 공업이 이루어지면 (논공행상에 불만을 품지
말고 적당한 시기에) 사퇴하는 것이 천명의 도라고 일깨워 준다.

❈ 풀이

　〈송괘(訟卦☰☵)〉는 하늘을 상징하는 〈건괘(乾卦☰)〉와 물을 상징하는 〈감괘(坎卦☵)〉의 조합이다. 송(訟)은 언(言)과 공(公)의 합성어로 시비를 가린다는 뜻이다. 올바른 통치자와 막강한 권력을 지니고도 논공행상에 불만을 품은 신하와의 분쟁을 나타낸다. 공을 세웠더라도 겸손해야 한다는 교훈을 일깨워 준다.

　運 운수. 夷 다치다. 運夷 점괘의 결과이다. 之〈송괘〉의 점괘에 근거하여 소송으로 풀이해 둔다. 已 그치다. 揣 헤아리다, 탐색하다. 銳 예리하다. 莫 없다, 어찌 ~하겠는가! 遺 남기다, 빠지다. 咎 허물, 재앙. 功遂身退 분쟁을 일으키지 않는 방법 제시이다.

載營 魄抱一 能無離乎. 專氣致柔 能嬰兒乎.
재 영 백포일 능무리호　전기치유 능영아호

滌除玄覽 能無疵乎. 愛民活國 能無爲乎.
조제현람 능무자호　애민활국 능무위호

天門開闔 能爲雌乎. 明白四達 能無知乎.
천문개합 능위자호　명백사달 능무지호

(生之畜之 生而不有 爲而不恃 長而不宰 是謂玄德).
생지축지 생이불유 위이불시 장이부재 시위현덕

군영의 (물품을) 싣고 (전쟁에 나아가는데 선조의) 혼백이 으뜸가는 사단을 품을지라도 지리멸렬 당하지 않는다고 할 수 있겠는가! 전권을 가진 장수의 기백이 우유부단의 극치라면 영아의 능력일 것이다.

섣달그믐날 같은 (앞날의 근심을) 씻어내고 현묘하게 살폈을지라도 어찌 결점이 없을 수 있겠는가! 백성을 사랑하고 나라를 부활시키는 데, 어찌 (강건한 힘과 덕을 지닌 장수의 능력을) 위주로 삼지 않을 수 있겠는가! 왕조의 대문이 개폐될 순간인데도 어찌 여인만을 위하고 있단 말인가!

(《사괘》의 도에 통달한 장수는) 명백하게 사통팔달의 (길로 나아갈 수 있는데도) 어찌 알아주는 (통치자가) 없단 말인가!

(덕행의 도란) 탄생부터 (자신은) 이익을 소유하지 않으며, 타인을 위할수록 자신은 의지하지 않으며, 성장할수록 자신은 주재하지 않으니, 이야말로 현묘한 덕이라 일컬을 수 있다.

❀ 풀이

〈사괘(師卦☷☵)〉는 땅을 상징하는 〈곤괘(坤卦☷)〉와 물을 상징하는 〈감괘(坎卦☵)〉의 조합이다. 6효 중에서 유일한 양효(—)는 강건한 힘과 덕을 지닌 장수를 상징하며, 다섯 음효(--)는 병사 또는 백성을 상징한다. 전쟁에서의 승리는 정당한 지휘권과 중용의 덕을 갖춘 장수가 지휘해야 한다는 교훈을 일깨워 준다.

一 으뜸가는 사단으로 풀이해 둔다. 일사단(一師團)과 같다. 고대 군제에서는 2,500명을 1사단으로 편성했다. 營 군영. 魄 출전에 앞서 영령에게 승리를 이끌어달라는 제사 의식을 나타낸다. 能 응당, 능히. 능력으로 보아도 통한다. 能無 ~이 아닐 수 있겠는가! 離 지리멸렬(支離滅裂), 이탈. 滌 씻다. 除 건제(建除)와 같다. 점술가가 당일의 길흉을 점치는 일. 섣달그믐날로 보아도 통한다. 疵 허물, 결점. 覽 살피다. 爲 위주로 삼다. 天門 왕조의 대문. 雌 여인. 암컷으로 낮추어 표현되었다. 암컷으로 풀이하면 더욱 생동감이 있다.

生之畜之 生而不有 爲而不恃 長而不宰 是謂玄德 구는 제51장과 중복이지만 그대로 풀이해 둔다.

三十輻共一轂 當其無 有車之用.
삼 십 폭 공 일 곡　당 기 무　유 거 지 용

埏埴以爲器 當其無 有器之用.
연 식 이 위 기　당 기 무　유 기 지 용

鑿戶牖以爲室 當其無 有室之用.
착 호 유 이 위 실　당 기 무　유 실 지 용

故有之以爲利 無之以爲用.
고 유 지 이 위 리　무 지 이 위 용

서른 개의 수레바퀴 살대는 하나의 바퀴통을 공유하는데, 당연히 그 바퀴통만으로는 무용해야 (살대를 끼워) 유용한 수레가 된다. (통치자 역시 바퀴통 같은 무용의 마음으로 백성의 역량을 살대처럼 집중시켜야 유용한 수레처럼 사용할 수 있다).

점토를 반죽하여 그릇을 만들 때는 당연히 그 속은 무용해야 유용한 그릇으로 사용할 수 있다. (통치자 역시 무용의 마음으로 백성의 역량을 잘 반죽해야 유용한 그릇처럼 사용할 수 있다).

문과 창문을 착공하여 실내가 되니 당연히 그 실내만으로는 무용해야 유용한 실내로 사용할 수 있다. (통치자 역시 무용의 마음으로 문과 창문의 설치처럼 법령을 잘 만들어야 백성을 유용한 방처럼 사용할 수 있다).

이러한 까닭에 (살대와 점토와 문과 창문의 역할과 같은 백성을) 유용하게 해야 유리하니, 통치자 자신만으로는 무용하여 백성을 유용하게 여겨야만 (나라는 영구할 것이다).

❀ 풀이

〈비괘(比卦☷)〉는 물을 상징하는 〈감괘(坎卦☵)〉와 땅을 상징하는 〈곤괘(坤卦☷)〉의 조합이다. 하나의 양효(一)와 다섯 개의 음효(--)로 구성되었으며, 양효는 강렬한 창업 의식과 기반을 다지려는 통치자를 뜻한다. 이러한 의지를 가진 통치자는 당연히 백성의 인심을 얻어야 하므로 〈비괘〉는 친민(親民)의 도를 일깨워 준다.

輻 바퀴, 살대. 轂 바퀴통. 共 공유하다. 埏 흙을 반죽하다. 埴 찰흙, 진흙.

제12장 檢欲(검욕) | 단속해야 할 욕망

五色令人目盲. 五音令人耳聾. 五味令人口爽.
오 색 영 인 목 맹　　오 음 영 인 이 롱　　오 미 영 인 구 상

馳騁畋獵令人心發狂. 難得之貨令人行妨.
치 빙 전 렵 영 인 심 발 광　　난 득 지 화 영 인 행 방

是以聖人爲腹不爲目 故去彼取此.
시 이 성 인 위 복 불 위 목　고 거 피 취 차

　오색이 사람을 부리면 눈이 먼다. 오음이 사람을 부리면 귀가 먼
다. 오미의 (진수성찬이) 사람을 부리면 (본래의) 입맛은 손상당한다.
사냥에 내달리는 일이 사람을 부리면 마음은 발광한다. 얻기 어려
운 재화가 사람을 부리면 행동은 방해받는다. (통치자나 귀인의 이러한
행동은 백성을 도탄에 빠지게 하는 지름길이다).

　그러므로 (그쳐야 한다는 〈소축괘〉의 도에 따라) 성인 문왕은 곡복사신
(穀腹絲身) 정도만을 위주로 삼았을 뿐, 이목의 탐닉을 위주로 삼지
않은 까닭에 (백성은 무도한 주왕)을 버리고 문왕을 선택했다.

⠿ 풀이

　〈소축괘(小畜卦☴)〉는 바람을 상징하는 〈손괘(巽卦☴)〉와 하늘을 상
징하는 〈건괘(乾卦☰)〉의 조합이다. 하나의 음효(--)에 다섯 개의 양
효(-)가 둘러싸고 있는 모습이다. 그쳐야 할 도를 일깨워 준다. 올
바른 신하가 극도로 흥분한 통치자의 뜻을 제지하지만, 숫자가 부족
하여 역부족이며 통치자의 자각이 우선해야 한다는 교훈을 일깨워

준다.

檢 단속하다. 五 음양오행(陰陽五行)과 같다. 오행은 수화목금토(水火木金土)로 천지 사이에 운행하는 다섯 가지 원소. 五는 『도덕경』을 『주역』의 점괘로 풀이할 근거이다. 五色 五音 五味 미색 미음 미식과 같다. 통치자의 사욕을 경계한 말이다. 令 ~하여금. 사(使)와 같다. 부리다. 令人 착한 통치자로 풀이해도 통한다. 爽 상(傷)과 같다. 손상하다. 馳騁 (말을) 달리다. 畋獵 사냥.

爲腹 곡복사신(穀腹絲身), 밥 먹고 옷 입는 일, 기본 의식주. 去彼取此 오음 오색 오미를 버리고 곡복사신을 취하다. 去 버리다. 取 선택하다. 점괘에 근거하여 彼는 폭군 주왕(紂王) 此는 성인 문왕으로 풀이해 둔다.

맹인과 귀머거리는 오늘날 쓰기 어려운 말이지만 달리 표현할 방법이 없다.

人寵辱若驚. 貴大患若身. 何謂寵辱若驚. 寵爲下.
인 총 욕 약 경 귀 대 환 약 신 하 위 총 욕 약 경 총 위 하

得之若驚 失之若驚. 是謂寵辱若驚. 何謂貴大患若身.
득 지 약 경 실 지 약 경 시 위 총 욕 약 경 하 위 귀 대 환 약 신

吾所以有大患者 爲吾有身. 及吾無身 吾有何患.
오 소 이 유 대 환 자 위 오 유 신 급 오 무 신 오 유 하 환

故貴以身爲天下 若可寄天下. 愛以身爲天下 若可托天下.
고 귀 이 신 위 천 하 약 가 기 천 하 애 이 신 위 천 하 약 가 탁 천 하

　귀인이 (받는) 총애와 치욕은 경계할 일과 같다. 귀인의 큰 우환은 (자신의) 처신과 같다.

　(묻겠다). 무슨 까닭에 귀인의 총애와 치욕이 경계할 일과 같다고 하는가? (대답하겠다). 총애는 (통치자가 귀인인) 신하를 위한 것이다. 총애를 얻어 (귀인이 되었다는 것은 백성을 위해 힘써달라는 뜻이므로) 경계할 일과 같으며, 총애를 잃으면 (백성을 괴롭힌 결과이므로) 경계할 일과 같다.

　(묻겠다). 무슨 까닭에 귀인의 최대 우환이 (자신의) 처신과 같다고 하는가? (대답하겠다. 귀인인) 내가 큰 우환의 (통치자를) 소유한 까닭은 나를 위해 (백성을 괴롭히면 통치자가 나의 처신을) 점유하기 때문이다. 나의 (치욕을) 언급하려 해도 잘못한 처신이 없다면 나에게 무슨 우환이 있겠는가!

　이러한 까닭에 귀인이 올바른 처신으로 천하를 위하면, 통치자가 귀인에게 천하를 의탁한 것과 마찬가지다. 백성을 사랑하는 올바른

처신으로 천하를 위한다면, 통치자는 귀인에게 천하를 부탁할 수 있을 것이다.

✿ 풀이

〈이괘(履卦☰)〉는 하늘을 상징하는 〈건괘(乾卦☰)〉와 연못을 상징하는 〈태괘(兌卦☱)〉의 조합이다. 이(履)는 '밟는다'로 예를 행한다는 뜻과 같다. 신하가 연못의 얇은 얼음을 밟듯이 통치자의 뜻을 잘 받들어 백성을 안정시켜야 한다는 교훈을 일깨워 준다.

人 뒷부분의 貴와 관련지어 귀인으로 풀이해 둔다. 점괘의 군자와 통한다. 寵辱 총애와 치욕, 승진과 좌천. 驚 경계로 풀이해 둔다. 下 아랫사람. 귀인을 가리킨다. 吾 귀인. 자신으로 풀이해 둔다. 寄 의탁하다. 托 부탁하다.

視之而不見 名曰夷. 聽之而不聞 名曰希. 搏之而不得 名曰微.
시지이불견 명왈이 청지이불문 명왈희 단지이부득 명왈미

此三者不可致詰 故混而爲一. 其上不皦 其下不昧.
차삼자불가치힐 고혼이위일 기상불교 기하불매

繩繩兮 不可名. 復歸於無物 是謂無狀之狀.
승승혜 불가명 복귀어무물 시위무상지상

無物之象 是謂惚恍. 迎之不見其首 隨之不見其後.
무물지상 시위홀황 영지불견기수 수지불견기후

執今之道以御 今之有能知古始 是謂道紀.
집금지도이어 금지유능지고시 시위도기

　(『주역·대상(大象)』의 형상을) 보려 해도 보아내지 못하니 다친다(夷)
고 말한다. 〈대상〉의 도를 들으려 해도 들을 수 없어서 듣기를 희
망(希望)한다고 말한다. 〈대상〉의 도에 의지하려 하지만 당장은 그
결과를 얻을 수 없어서 미묘(微妙)하다고 말한다. 이 세 가지는 하나
하나 따져 물을 수 없이 한 덩어리로 뭉쳐 있는 까닭에 하나의 도로
삼는다.
　〈대상〉의 도를 따른 위로는 더 밝을 수 없고 〈대상〉의 도를 따르
지 않은 그 아래로는 더 우매할 수 없다. 〈대상〉의 도는 먹줄이려
니! 먹줄이려니! 먹줄처럼 곧다는 말 이외에는 이름 붙일 수 없구
나! 〈대상〉의 도를 회복하여 귀착하면 견물생심을 없애주니 형상
없는 형상이라 일컬을 수 있다. 견물생심을 없애는 도야말로 황홀하

고도 황홀한 도라고 일컬을 수 있다.

(〈대상〉의 도를 따르면 그 영광은) 첫머리를 볼 수 없고, 〈대상〉의 도를 따르면 무궁한 영광은 그 끝을 볼 수 없다. 지금 〈대상〉의 도를 고집하여 다스린다면 지금의 유능은 옛날 (문왕의 도를) 깨달은 통치의 시작이니 이러한 〈대상〉의 점괘야말로 『주역』이 전하려는 도의 벼리라고 할 수 있다.

❀ 풀이

〈대상(大象)〉은 『주역』 64괘마다 각각의 효사(爻辭)에 대한 점괘의 종합이다.

摶 『설문해자』에 근거하여 이수환야(以手圜也)의 뜻으로 풀이해 둔다. 손으로 둥글게 빚다, 의지하다. 不可致詰 내용이 복잡하여 하나하나 밝히기가 어렵다.

詰 따져 묻다. 混 한 덩어리로 뭉쳐 있다. 皦 밝게 빛나다. 繩 노끈, 계승하다, 먹줄. 物 견물생심으로 풀이해 둔다. 無物 무위(無爲)와 같다. 惚恍 황홀과 같다. 御 다스리다.

제15장 顯德(현덕) | 현창의 덕

古之善爲士者 微妙玄通深不可識. 夫唯不可識 故强爲之容.
고 지 선 위 사 자 미 묘 현 통 심 불 가 식 부 유 불 가 식 고 강 위 지 용

豫兮 若冬涉川. 猶兮 若畏四隣. 儼兮 其若客.
예 혜 약 동 섭 천 유 혜 약 외 사 린 엄 혜 기 약 객

渙兮 若冰之將釋. 敦兮 其若樸. 曠兮 其若谷. 混兮 其若濁.
환 혜 약 빙 지 장 석 돈 혜 기 약 박 광 혜 기 약 곡 혼 혜 기 약 탁

孰能濁以止 静之徐清. 孰能安以久 動之徐生.
숙 능 탁 이 지 정 지 서 청 숙 능 안 이 구 동 지 서 생

保此道者不欲盈. (夫唯不盈 故能蔽不新成.)
보 차 도 자 불 욕 영 부 유 불 영 고 능 폐 불 신 성

(무위의 도는) 옛날부터 최선으로 선비를 위할 수 있으니, 미묘하고
현묘하게 변통할 수 있는 깊이는 학식만으로는 불가하다. 대장부는
'예~ 예!' 하며 깨달았다고 하지만 학식만으로는 불가한 까닭에 억
지로『주역』의 겉모습만을 도로 삼는 형국이다.

그러나『주역』점괘에 통달한 선비나 대장부의 예측이란! 마치 겨
울에 (얼음의 두께를 예측하며) 시내를 건너는 것과 같을 것이다.

망설임이란! 사방으로 이웃한 적들을 두려워하며 방비하는 것과 같
을 것이다. 엄연(儼然)함이란! 빈객을 맞이하는 태도와 같을 것이다.

빛남이란! 새봄에 얼음이 녹기 시작하는 강물의 모습과 같을 것
이다. 돈후(敦厚)함이란! 질박 그 자체와 같을 것이다. 자신을 비움이
란! (깊은) 계곡 같을 것이다. 이와 같은 혼돈(混沌)의 능력이란! 탁한

(물속처럼 그의 참모습을 볼 수 없게 할 정도일 것이다).

누가 지금처럼 혼탁한 열국의 상황을 무위의 도로써 그치게 하고 무위의 도로써 안정시켜 서서히 맑게 할 수 있겠는가! 누가 무위의 도로써 안정시켜 영구하고 무위의 도로써 행동하여 서서히 중생을 (구제할 수 있겠는가)?

이러한 도를 보유한 자여야 사욕을 부리지 않고 (백성의 열망을) 채울 수 있을 것이다. 대장부란 (작자들은) '예~ 예!' 하면서도 사욕 때문에 백성의 열망을 채울 수 없으니, 이러한 까닭에 대장부의 능력은 가려져 다시 성공할 수 없는 것이다.

✽ 풀이

〈예괘(豫卦䷏)〉는 우레를 상징하는 〈진괘(震卦☳)〉와 땅을 상징하는 〈곤괘(坤卦☷)〉의 조합이다. 제후가 이 괘에 순응해 다스리면 백성이 기쁜 마음으로 따른다는 교훈을 일깨워 준다.

〈예괘〉를 중심으로 제14장에 이어 『주역』의 근본 도를 갖춘 대장부의 치국으로 풀이해 둔다. 夫 대장부. 容 겉모습. 强 억지로. 猶 망설이다.

煥 환연일신(煥然一新), 새봄에 얼음이 풀리며 물결이 빛나는 모습과 같다. 면모를 일신하다. 曠 비다, 비우다. 混 혼돈과 같다. 뒤섞이다. 濁 청(淸)에 근거하여 탁수(濁水)로 풀이해 둔다. 生 앞부분의 내용에 근거하여 중생으로 풀이해 둔다.

夫唯不盈 故能蔽而新成을 사족으로 보는 견해는 긍정하지만, 자의대로 풀이해 둔다.

致虛極 守靜篤. 萬物竝作 吾以觀其復. 夫物芸芸 各復歸其根.
치 허 극 수 정 독   만 물 병 작 오 이 관 기 복   부 물 운 운 각 복 귀 기 근

歸根曰靜 是謂復命. 復命曰常 知常曰明. 不知常妄作凶.
귀 근 왈 정 시 위 복 명   복 명 왈 상 지 상 왈 명   부 지 상 망 작 흉

知常容 容乃公. 公乃王 王乃天. 天乃道 道乃久 没身不殆.
지 상 용 용 내 공   공 내 왕 왕 내 천   천 내 도 도 내 구 몰 신 불 태

　　(〈동인괘〉는) 허심의 궁극에 이르러 안정과 독실함을 고수하라는 (대장부의 처신을 강조한다). 만물은 함께 진작(振作)하듯이 나는 〈동인〉 점괘에서 대동 사회의 회복을 관찰할 수 있다. 대장부가 취할 재물은 많고도 많지만 각자 (허심을) 회복하여 근본으로 되돌아가야 한다는 것이 〈동인괘〉의 교훈이다).

　　허심의 근본으로 되돌아가는 상태를 안정(安靜)이라 하며, 이야말로 천명을 회복했다고 일컬을 수 있다. 천명을 회복한 안정의 상태를 상용할 도라고 하며, 상용할 도를 깨닫는 것을 〈동인괘〉의 도에 밝다고 말한다. (대장부가) 상용할 도를 깨닫지 못하고 백성을 망령되이 진작시키면 〈동인괘〉의 결과는 흉할 것이다.

　　상용할 도를 깨달아 용납해야 하며 용납해야 비로소 공평무사할 수 있다. 공평무사해야 비로소 왕의 (자격을 갖춘 것이며) 왕의 자격을 갖추어야 천명에 부합한다. 천명의 부합이란 〈동인〉 점괘의 도를 (깨달은 것이니 이러한) 도여야 비로소 왕조는 영구할 수 있을 것이다.

　　(〈동인〉 점괘를 교훈 삼아 공평무사의) 처신에 몰두해야 위태롭지 않을

것이다.

⊛ 풀이

〈동인괘(同人卦☰)〉는 불을 상징하는 〈이괘(離卦☲)〉와 하늘을 상징하는 〈건괘(乾卦☰)〉의 조합이다. 불은 위로 타오르는 성질을 지녔듯이 하늘과 성향이 같다. 이러한 점괘는 대동 사회의 지향을 상징한다. 더불어 사는 사회를 만들기 위해서는 지도자의 마음가짐과 행동이 무엇보다 중요하다는 점을 강조한다.

竝 함께, 모두. 作 점괘에 근거하여 진작으로 풀이해 둔다. 夫 대장부. 物 재물. 芸芸 무성하다, 많다. 命 천명. 〈동인괘〉의 명령으로 보아도 통한다. 容 용납하다. 公 공정무사(公正無私). 沒 몰두하다. 긍정의 뜻으로 풀이해 둔다. 殆 위태하다.

제17장 淳風(순풍) | 〈대유괘〉의 순후한 기풍

太上 下知 有之. 其次 親而譽之. 其次 畏之. 其次 侮之.
태 상 하 지 유 지　기 차 친 이 예 지　기 차 외 지　기 차 모 지

信不足焉. 有不信焉. 悠兮.
신 부 족 언　유 불 신 언　유 혜

其貴言 功成 事遂 百姓皆謂我自然.
기 귀 언 공 성　사 수　백 성 개 위 아 자 연

　　태양이 떠오르는 듯한 (통치자가 홀연히 나타나면) 천하 사람들은 (태양 같은 통치자라고) 알아 그를 소유한다. 그다음 순서는 태양 같은 통치자와 친하다고 여겨 그를 칭찬한다. 그다음 순서는 그를 두려워한다. 그다음 순서는 그를 경멸한다. (왜 이처럼 민심이 변하는가? 초심을 잃어) 신용이 부족하기 때문이다. (〈대유괘〉의 도를) 사유화하자 백성이 불신하기 때문이다.

　　아득하도다! 아득하도다! (〈대유〉 점괘의 도를 끝까지 견지하는 통치자란)! 〈대유〉 점괘는 고귀하게 받들어야 할 말이다. 공업이 이루어졌더라도 후속 사업도 초심이 뒤따라야 백성 모두 '내가 (처음 생각했던) 그대로(自然)의 (인물)'이라고 여길 것이다.

❈ 풀이

〈대유괘(大有卦☲)〉는 불을 상징하는 〈이괘(離卦☲)〉와 하늘을 상징
하는 〈건괘(乾卦☰)〉의 조합이다. 하늘과 불의 조합으로 태양이 하늘
에서 빛나는 형상이다. 태양은 만물을 비추기 때문에 대유(大有)라고
한다. 대유는 소유한 것이 많다는 뜻으로 만사형통에 따른 사치와
교만의 경계를 일깨우며 통치자의 겸손과 미덕을 강조한다.

上 떠오르다. 譽 칭찬하다. 侮 모욕하다, 업신여기다, 경멸하다.
有 〈대유괘〉. 有 재물의 점유로 보아도 통한다. 悠 멀다, 아득하다.
兮 극치의 어조사. 言 〈대유〉 점괘. 遂 따르다.

大道廢 有仁義. 智慧出 有大僞. 六親不和 有孝慈.
대 도 폐 유 인 의 지 혜 출 유 대 위 육 친 불 화 유 효 자

國家昏亂 有忠臣.
국 가 혼 란 유 충 신

　(대동 세상을 지향하는) 〈대유〉의 도는 폐지되고 인의를 사유화하는
(형국이다). 〈대유〉의 지혜는 축출되고 〈대유〉의 위장으로 사유화하
는 형국이다. 여섯 (제후국과 종주국의) 친목이 불화하자 효도와 자애
를 사유화하는 형국이다.

　종주국인 (주나라의) 가신이 혼란해지자 여섯 제후국은 충신을 사
유화하는 형국이다. (초심을 잃은 여러 제후국의 통치자 때문에 〈대유〉의 도인
대동 사회는 요원해지는 형국이다).

⌘ 풀이

제17장의 후속으로 〈대유괘(大有卦䷍)〉에 근거하여 풀이해 둔다. 六親이 풀이의 핵심이다. 부모 형제 처자식으로 풀이하면 〈대유괘〉의 도와 수미일관하지 않는다.

〈대유괘〉의 6효(爻)는 각각의 역할에 충실해야만 친할 수 있다. 이에 근거하여 주나라와 분봉(分封)한 여섯 제후국과의 화친으로 풀이해 둔다. 國家 종주국인 주나라의 뜻으로 풀이해 둔다.

故大道廢 安有仁義 六亲不和 安有孝慈 國家昏乱 安有忠臣이라는 주장은 긍정하지만, 기존의 자구대로 풀이해 둔다.

絶聖棄智 民利百倍. 絶仁棄義 民復孝慈. 絶巧棄利 盜賊無有.
절 성 기 지 민 리 백 배   절 인 기 의 민 복 효 자   절 교 기 리 도 적 무 유

此三者以爲文不足 故令有 所屬. 見素抱樸 少私寡欲.
차 삼 자 이 위 문 부 족 고 영 유 소 촉   견 소 포 박 소 사 과 욕

　성인의 기풍을 단절하고 성인의 지혜를 포기한다면 백성의 이기
심은 백배가 될 것이다. (통치자가) 인을 단절하고 의를 포기하면 백
성은 효도와 자애를 전복시킬 것이다. 통치자는 교언영색을 단절하
고 사리사욕을 포기해야 도적 같은 신하도 소유욕을 없앨 것이다.

　이 세 가지는 성인 문왕의 말로 여기는 정도로는 부족하니 이러한
까닭에 법령으로 점유해야만 백성의 공경을 받게 될 것이다. 소왕
(素王)의 (품성을) 보이고 질박함으로 포용하며 통치자 자신의 사익을
줄이고 사욕을 없애야 한다.

✵ 풀이

　〈겸괘(謙卦☷)〉는 땅을 상징하는 〈곤괘(坤卦☷)〉와 산을 상징하는
〈간괘(艮卦☶)〉의 조합으로 산이 낮은 땅 아래 있는 모습이다. 겸(謙)
은『설문해자』에서 공경으로 풀이한다. 통치자는 겸손에 겸손을 더
해 백성을 위해야만 공경받을 수 있다는 교훈을 일깨워 준다.

　利가 풀이의 핵심이다. 이기심의 이익을 나타낸다. 좋은 이익으
로 풀이하면 수미일관하지 않는다. 성인의 기풍을 단절하고 성인
의 지혜를 포기한다면 백성의 이익은 백배가 될 '것이다'라는 종래

의 풀이대로라면, 노자는 혹세무민하는 사람과 같다. 屬 촉으로 읽는다. 따르다, 공경하다. 文 앞부분의 聖에 근거하여 문왕으로 풀이해 둔다. 주문(注文)으로 보아도 통한다. 素 소왕(素王), 왕의 덕을 갖춘 사람.

絶聖~盜賊無有는 絶智棄辯 民利百倍. 絶巧棄利 盜賊無有. 絶僞棄詐 民復季子의 잘못이라는 주장은 긍정하지만, 기존의 자구대로 풀이해 둔다.

絕學無憂. 唯之與阿 相去幾何. 善之與惡 相去若何. 人之所畏
절학무우 유지여아 상거기하 선지여악 상거약하 인지소외

不可不畏.
불가불외

荒兮. 其未央哉. 衆人熙熙 如享太牢 如春登臺. 我獨泊兮.
황혜 기미앙재 중인희희 여향태뢰 여춘등대 아독박혜

其未兆 如嬰兒之未孩. 儽儽兮. 若無所歸. 衆人皆有餘
기미조 여영아지미해 래래혜 약무소귀 중인개유여

而我獨若遺.
이아독약유

我愚人之心也哉. 沌沌兮. 俗人昭昭 我獨昏昏. 俗人察察
아우인지심야재 돈돈혜 속인소소 아독혼혼 속인찰찰

我獨悶悶.
아독민민

澹兮 其若海. 飂兮. 若無止. 衆人皆有以 而我獨頑似鄙.
담혜 기약해 료혜 약무지 중인개유이 이아독완사비

我獨異於人 而貴食母.
아독이어인 이귀식모

　(격몽의 도에 따른) 배움을 단절하여 (차라리 사욕을 품었더라면 백성에 대
한) 나의 근심을 없앨 수 있었을 것이니!

　(윗사람에게 복종하는) '예~ 예!'의 대답이 (아랫사람을 호되게 질책하는)

'아~ 아!'로 간여하면 서로 어긋난 정도는 얼마이겠는가!

선정이 악정으로 간여하면 서로 어긋난 정도는 얼마이겠는가! 타인이 두려워해야 할 바이며 두려워하지 않을 수 없다. (깨닫지 못한) 허황이여! 그것은 재앙의 조짐이 아니겠는가!

속인은 깨닫지 못하고 희희낙락하며 큰제사의 음식을 향유하고 봄날의 누대에 오르는 것과 같도다. 나만 홀로 표박(漂泊)하는도다. 이러한 일이 재앙의 조짐이 아니라면 영아가 미성숙한 아이로조차 (크지 못한 것과 같은 인식이다).

지치도다! 지치도다! 돌아갈 곳을 없앤 것과 같도다. 속인은 모두 (권력과 재물을 점유하여) 여유로운데 나만 유독 버려진 것 같도다. 내가 어리석은 사람의 마음과 같아서 이러하겠는가!

혼탁하도다. 혼탁하도다. 속인의 처신은 빛나고 빛나는데 나만 유독 혼미하고 혼미한 (앞날을 깨닫는도다). 속인들은 (이해관계만을) 살피고 살피는데 나만 유독 (예고된 재앙에) 답답하고 답답하도다.

흔들리는 (속인의 모습이란)! 바다 물결에 휩쓸리는 것 같도다. 나부끼는 속인의 모습이란! 금지할 욕망을 무시하는 것 같도다. 뭇사람은 모두 이처럼 권력과 재물을 점유하는데 나만 유독 완강하게 (격몽의 도를 따르며) 비천해질 뿐이다.

나는 유독 타인에게 이상한 사람으로 (취급받으면서도) 식모(食母)의 (역할 같은 격몽의 도를) 귀하게 여기니, (깨우치지 못하여 닥칠 재앙을 알기 때문이다).

❈ 풀이

〈몽괘(蒙卦䷃)〉는 산을 상징하는 〈간괘(艮卦☶)〉와 물을 상징하는 〈감괘(坎卦☵)〉의 조합이다. 蒙은 어리다는 치(稚)와 같다. 산 아래에서 방향을 잃은 형상으로 격몽(擊蒙)의 도리를 일깨워 준다.

絶學無憂 제19장의 마지막에 위치해야 한다는 주장은 긍정하지만 그대로 풀이해 둔다.

學 배우다, 모방하다. 『설문해자(說文解字)』에 근거하여 각오(覺悟)로 풀이하면 더욱 알맞지만, 자의대로 풀이해 둔다. 도를 깨닫다, 미래를 미리 깨달아 작정하다. 〈몽괘〉의 도를 깨우친 까닭에 닥쳐올 백성들의 근심을 외면할 수 없었다는 뜻이다.

唯 '예~ 예!', 복종의 대답. 阿 가(訶)와 같다. 아랫사람을 크게 꾸짖다. 去 『설문해자』에 근거하여 사람이 서로 '어긋나다(人相違也)'로 풀이해야 잘 통한다. 央 앙(殃)과 같다. 재앙. 衆人 속인과 같다.

太牢 사직단의 큰 제사. 소를 희생물로 바친다. 진수성찬의 뜻으로도 쓰인다. 遺 버리다, 버려지다. 哉 의문사, 반문의 어조사. 澹 『설문해자』에 근거하여 물결의 요동(水搖也)으로 풀이해 둔다. 颺 나부끼다. 食母 자의대로 잘 통한다.

孔德之容 惟道 是從. 道之爲物 惟恍 惟惚.
공 덕 지 용 유 도 시 종 도 지 위 물 유 황 유 홀

惚兮恍兮 其中有象. 恍兮惚兮. 其中有物 窈兮冥兮 其中有精.
홀 혜 황 혜 기 중 유 상 황 혜 홀 혜 기 중 유 물 요 혜 명 혜 기 중 유 정

其精甚眞 其中有信. 自古及今 其名不去 以閱衆甫.
기 정 심 진 기 중 유 신 자 고 급 금 기 명 불 거 이 열 중 보

吾何以知衆甫之狀哉. 以此.
오 하 이 지 중 보 지 상 재   이 차

성대하고도 밝은 덕은 오직 (『주역』) 도에 있으니 이야말로 따를
만하다. 이러한 도는 만물의 (이치를 깨닫게 해) 주니, 오직 황홀하도
다. 황홀하도다. 그 중심에는 (만물의) 형상이 있도다.

황홀하도다. 황홀하도다. 그 중심은 〈대상(大象)〉을 소유했으니
(절차탁마하여 깨달아야 하도다).

황홀하도다. 황홀하도다. 그 중심은 만물의 도를 소유했으니 (절차
탁마하여 깨달아야 하도다).

심원하도다. 심원하도다. 그 중심은 만물의 정수를 소유했으니
(절차탁마하여 깨달아야 하도다).

그 정수는 깊고도 깊은 진리이며 그 중심은 신용을 소유했도다.
자고이래로 그러한 명성은 제거될 수 없었으니, (나는 『주역』 도로써)
검열하여 민중의 채소밭을 살피는도다. 내가 무엇으로 민중의 채소
밭 상황을 잘 알 수 있겠는가! 『주역』 도로써 검열하여 아는 것이다.

❀ 풀이

〈수괘(隨卦䷐)〉는 연못을 상징하는 〈태괘(兌卦☱)〉와 우레를 상징하는 〈진괘(震卦☳)〉의 조합이다. 수(隨)는 따른다는 뜻으로 아집을 버리고 남을 따라야 남도 나를 따른다는 도를 일깨워 준다. 수괘를 통해 『주역』 도를 따라야 하는 까닭을 알 수 있다.

孔 공명(孔明)과 같다. 성대하고도 밝다. 恍惚 어렴풋하고 미묘하여 헤아리기 어렵다. 窈冥 이치가 헤아릴 수 없이 오묘하다. 甫 채소밭. 衆甫 민중의 생활을 가리키지만, 자의만으로도 잘 통한다.

曲則全 枉則直. 窪則盈 敝則新. 少則得 多則惑.
곡 즉 전 왕 즉 직   와 즉 영 폐 즉 신   소 즉 득 다 즉 혹

是以聖人抱一 爲天下式.
시 이 성 인 포 일   위 천 하 식

(不自見 故明. 不自是 故彰. 不自伐 故有功. 不自矜 故長).
불 자 현 고 명   불 자 시 고 창   불 자 벌 고 유 공   불 자 궁 고 장

夫唯不爭 故天下莫能與之爭. 古之所謂曲則全者 豈虛言哉.
부 유 부 쟁 고 천 하 막 능 여 지 쟁   고 지 소 위 곡 즉 전 자   기 허 언 재

誠全而歸之.
성 전 이 귀 지

　(어려운 시기에는) 굽혀야 (자신의 몸을) 보존할 수 있고, 굽힌 다음에
야 바로 설 수 있다. 웅덩이가 (말랐더라도 비가 오면) 채워지듯이, 피폐
해지면 새롭게 (대체되기 마련이다). 이러한 때에는 사소하게 처신해야
이득이며, 많은 욕심은 미혹될 뿐이다.

　그러므로 성인 (문왕은 7년 동안이나 유리의 옥에 갇혀 있었지만) 굽혀야
바로 설 수 있다는 유일한 신념을 품고 천하를 다스리는 법식으로
삼았으므로 (마침내 주나라를 개창할 수 있었다).

　스스로 드러내지 않았기 때문에 고명해졌고, 스스로만 옳다고 고
집하지 않았기 때문에 빛나게 되었다. 스스로 토벌당하지만 않으려
고 하여 공업을 세울 수 있었으며, 스스로 자랑하지 않았기 때문에
수장이 될 수 있었다.

(문왕은 옥에 간혀 있는 동안, 오히려 상나라 선조의 제사까지 지내면서 폭군 주왕에게 복종했다. 굽힐 때는) 대장부도 '예~ 예!' 하며 투쟁하지 않아야 천하에서는 그와 투쟁할 자가 없게 된다.

예로부터 굽혀서 보존한 자라고 일컬어진 말이 어찌 허언이겠는가! 문왕은 삼가 자신을 보존함으로써 그의 (영지로) 돌아갈 수 있었다.

❀ 풀이

〈임괘(臨卦▤)〉는 땅을 상징하는 〈곤괘(坤卦☷)〉와 연못을 상징하는 〈태괘(兌卦☱)〉의 조합이다. 네 음효(--)가 두 양효(─)를 드리운 형세로, 양효는 음효의 위협에 저항하지 못하는 모습이다. 저항하지는 못하지만, 견인불발(堅忍不拔)의 정신으로 자신을 보존한다. 임(臨)은 통치자가 자신을 낮추고 겸손하게 백성에게 다가가야 한다는 교훈을 일깨워 준다.

不自見~故長은 연문(衍文)이라는 주장은 긍정하지만, 자의대로 풀이해 둔다. 伐 긍벌(矜伐)과 같다. 자랑하다. 誠 삼가다.

希言 自然. 故飄風不終朝 驟雨不終日 孰爲此者. 天地.
회언 자연 고표풍부종조 취우부종일 숙위차자 천지

天地尙不能久 而況於人乎.
천지상불능구 이황어인호

故從事於道者 道者同於道 德者同於德. 失者同於失.
고종사어도자 도자동어도 덕자동어덕 실자동어실

同於道者 道亦樂得之. 同於德者 德亦樂得之.
동어도자 도역락득지 동어덕자 덕역락득지

同於失者 失於樂得之. 信不足焉 有不信焉.
동어실자 실어락득지 신부족언 유불신언

　(백성이) 희망하는 (통치자의) 언행에 (백성은) 절로 그러하겠다고 (말
한다. 무도한 통치자의 언행이라면 누가 절로 그러하겠다고 말하겠는가)！
　그러므로 회오리바람은 아침 내내 불 수 없고, 소나기는 종일 내
릴 수 없으니 누가 이처럼 (멈추는 현상을) 영위하는가? 천지다. 천지
조차 오히려 영구할 수 없게 하는데, 하물며 (무도한) 인간에게 있어
서랴!
　그러므로 치국의 종사는 (중정의) 도를 지닌 자에게 있으며, 중정의
도를 지닌 자는 백성과 함께 〈관괘〉의 도에 따른다. 중정의 덕을 지
닌 자는 백성과 함께 〈관괘〉의 덕에 따른다. 중정의 도를 상실한 자
는 백성과 함께 도의 상실을 따른다.
　백성과 함께 중정의 도를 따르면, 통치자의 도 역시 화합의 즐거

움으로 백성을 얻는다. 백성과 함께 중정의 덕을 따르면 통치자의 덕 역시 화합의 즐거움으로 그러한 백성을 얻는다. 백성과 함께 중정의 도를 상실하면, 중정의 상실 역시 (좋지 않은) 화합과 즐거움으로 그러한 백성을 얻는다.

（〈관괘〉의 도를 깨닫지 못한 통치자는） 백성에게 주는 신용이 부족하도다. 중정의 도를 소유했다지만 백성은 불신하는도다.

� 풀이

〈관괘(觀卦☷)〉는 바람을 상징하는 〈손괘(巽卦☴)〉와 땅을 상징하는 〈곤괘(坤卦☷)〉의 조합이다. 위의 두 양효는 통치자의 강력한 영도력을 상징하고 아래의 네 음효는 백성을 상징한다. 통치자는 천도의 신묘함을 깨닫고 겸손과 중정의 도로 교화할 때 천하의 백성은 마음속으로 감화되어 절로 따른다는 교훈을 일깨워 준다.

希 희망하다, 바라다. 飄風 회오리바람. 驟雨 소나기. 尙 오히려 失於樂得之 앞부분과는 달리 부정의 뜻으로 쓰였다.

企者不立. 跨者不行. 自見者不明. 自是者不彰 自伐者無功.
기 자 불 립　과 자 불 행　　자 현 자 불 명　　자 시 자 불 창　자 벌 자 무 공

自矜者不長. 其在道也. 曰餘食贅行. 物或惡之 故有道者不處.
자 긍 자 부 장　기 재 도 야　　왈 여 식 췌 행　　물 역 악 지　고 유 도 자 불 처

　(역경의 탈출을) 기획하는 자라면 (혼자만의 기획으로는) 혼자 설 수 없다. 역경의 상황을 딛고 넘을 자라면 혼자 행동해서는 안 된다. 자신의 견해만 고집하는 자는 밝은 앞날을 기약할 수 없다. 자신의 견해만 옳다고 고집하는 자는 빛나는 미래를 기대할 수 없다. 자신의 (전략만을 고집하여) 정벌한 자는 공이 없는 것과 마찬가지다. 자신의 자긍심만 내세우는 자는 (난국을 타개했더라도) 성장할 수 없다.

　그러한 (교훈은 바로 〈고괘〉의 협력 정신에) 있다. 그런데도 〈고괘〉의 도를 망각한 사람은 다음과 같이 말할 수 있겠다. '포식하여 뒤룩뒤룩한 행동(餘食贅行)'이다. 사물이든 나라이든 추악한 모습이므로 〈고괘〉의 도를 소유한 자는 '여식췌행'의 모습에 처하지 않는다.

❀ 풀이

　〈고괘(蠱卦䷑)〉는 산을 상징하는 〈간괘(艮卦☶)〉와 바람을 상징하는 〈손괘(巽卦☴)〉의 조합이다. 고(蠱)는 그릇인 명(皿)과 벌레를 뜻하는 충(蟲)의 합성으로, 벌레가 오래된 그릇을 좀먹는 모습이므로 고통을 상징한다.

　혼란한 상황에 봉착했을 때는 제아무리 뛰어난 사람도 혼자만의

힘으로는 일을 성사시킬 수 없으니 타인의 말에 귀를 기울이며 협력하여 극복해야 한다는 정신을 일깨워 준다. 극복한 후에도 마찬가지다.

企 기획하다, 발돋움하다. 跨 넘다. 矜 긍탄(矜誕)과 같다. 교만하여 마음대로 행동하다. 無功 앞뒤 구로 미루어 보면 不功이 더욱 알맞지만, 자의대로 풀이해 둔다. 贅 췌육(贅肉)과 같다. 뒤룩뒤룩 찐 살. 餘食 포식(飽食)과 같다. 餘食贅行 포식하여 뒤룩뒤룩한 행동. 或 역으로 읽는다. 국(國)의 옛 자이다. 惡 악으로 읽는다. 추악하다.

有物混成 先天地生. 寂兮. 寥兮. 獨立不改.
유물혼성 선천지생 적혜 요혜 독립불개

周行而不殆 可以爲天下母.
주행이불태 가이위천하모

吾不知其名 字之曰道. 吾强爲之.
오부지기명 자지왈도 오강위지

名曰大 大曰逝 逝曰遠 遠曰反. 故天大 地大 道大 王亦大.
명왈대 대왈서 서왈원 원왈반 고천대 지대 도대 왕역대

域中有四大而王居其一焉. 人法地 地法天 天法道 道法自然.
역중유사대이왕거기일언 인법지 지법천 천법도 도법자연

(『주역』도에 따르면) 유형의 만물은 (음양의) 혼재로 성립되며, 하늘을 먼저 낳고 땅이 생겨났다고 한다.

(무도한 통치자가 회피하여 홀로 주장하는) 적막한 『주역』도여! 쓸쓸한 『주역』도여! 홀로 우뚝 선 모습은 개칭할 수 없도다.

『주역』도에 따라 두루 행동하면 위태롭지 않으니 가히 천하를 돌보는 어머니로 삼을 수 있도다. 나는 그 무한한 공명을 모두 지각할 수 없어 '도(道)'라는 한 글자로 말해 둔다.

나는 강력하게 『주역』도를 치국할 위주로 삼아야 한다고 주장한다. 『주역』도로 나아간 공명은 위대하다고 말할 수 있으며, 위대하므로 이러한 도로 나아가야 한다고 말할 수 있으며, 이러한 도로 나아가야 심원하다고 말할 수 있으며, 심원한 (역량이어야 백성의 소원에)

반영된다고 말할 수 있다.

이러한 까닭에 하늘은 위대하며, 땅은 위대하며, (천지의 도에 따른) 『주역』도는 위대하며, (천지의 도에 따라『주역』을 만든) 문왕 역시 위대하다고 말하는 것이다. (주나라가) 강역(疆域)의 중심이 될 수 있었던 까닭은 네 가지의 위대한 도를 점유했기 때문이며 또한 문왕은 제일의 정통위치를 점거할 수 있었다.

인간은 지세를 법으로 삼고, 지세는 천체의 운행 질서를 법으로 삼고, 천체의 운행 질서는 『주역』에서 도로 삼았으므로 『주역』도는 바로 자연의 이치를 법으로 삼은 것이다.

⊗ 풀이

『주역』은 천지 만물의 도를 일괄 취급한다. 우러러보아 천문을 살피고, 굽어보아 지리를 살펴 미묘한 이치를 헤아린다. 사물의 변화와 발전과정은 점으로 예측하며 그러한 설명을 〈계사(繫辭)〉라고 한다. 계사는 자연의 법칙에 따른 작용을 표현한 것이다.

元 원형이정(元亨利貞)과 같다. 사물의 근본 되는 원리. 寂 적막하다. 寥 쓸쓸하다. 寂寥 긍정의 풀이도 잘 통하지만 자의대로 풀이해 둔다. 逝 나아가다. 『주역』점인 서(筮)의 잘못이라는 주장은 매우 긍정하지만, 자의대로 풀이해 둔다. 道法自然 『도덕경』사상을 한마디로 요약한 말과 같다.

제26장 重德(중덕) | 중용해야 할 성인의 덕

重爲輕根. 静爲躁君. 是以聖人終日行 不離輜重.
중 위 경 근   정 위 조 군   시 이 성 인 종 일 행   불 리 치 중

雖有榮觀 燕處超然. 奈何萬乘之主而以身輕於天下.
수 유 영 관   연 처 초 연   나 하 만 승 지 주 이 이 신 경 어 천 하

輕則失根 躁則失君.
경 즉 실 근   조 즉 실 군

　(열국을 돌아다니며 하루빨리 안정하려는 유세자의 짐) 무게는 가벼운 (수레
를 벗어나게 할) 근본이다. 안정을 위해서는 조급한 통치자를 위하게
마련이며 (조급한 통치자 역시 이러한 유세자를 선호하게 마련이다). 그러므로
성인은 종일 가더라도 (받아주는 통치자가 없어) 수레의 짐을 내려놓지
못한다.

　(안정에 조급한 유세자는) 설령 영화로운 누관대(樓觀臺)를 소유하게 되
었을지라도, 제비가 (아무 처마에서나) 거처하듯이 비난에는 초연하다.
제아무리 만승(萬乘) 대국의 통치자일지라도 이처럼 처신이 경망한
유세자에게 의존한다면 천하에 존재할 수 있겠는가!

　유세자가 경망할수록 곧바로 근본 도를 상실하며, 통치자가 조급
할수록 곧바로 통치자의 지위를 상실한다.

❀ 풀이

〈비괘(賁卦☲)〉는 산을 상징하는 〈간괘(艮卦☶)〉와 불을 상징하는 〈이괘(離卦☲)〉의 조합이다. 비(賁)는 장식을 뜻하며, 실질이 더해져야 비로소 조화를 얻는다는 뜻을 함축한다. 이에 연유하여 오직 명리만 탐하는 유세자에게 정치를 맡기는 잘못을 범해서는 안 된다는 교훈을 일깨워 준다.

靜 안정하다, 안주하다. 觀 누관대(樓觀臺) 안착한 유세자의 상징이다. 輻 수레. 失 잃다.

善行無轍迹. 善言無瑕讁.
선 행 무 철 적　　선 언 무 하 적

善數不用籌策. 善閉無關楗而不可開.
선 수 불 용 주 책　　선 폐 무 관 건 이 불 가 개

善結無繩約而不可解. 是以聖人常善救人 故無棄人.
선 결 무 승 약 이 불 가 해　　시 이 성 인 상 선 구 인　고 무 기 인

常善救物 故無棄物. 是謂襲明.
상 선 구 물　고 무 기 물　　시 위 습 명

故善人者 不善人之師 不善人者 善人之資.
고 선 인 자　불 선 인 지 사　불 선 인 자　선 인 지 자

不貴其師 不愛其資 雖智大迷 是謂要妙.
불 귀 기 사　불 애 기 자　수 지 대 미　시 위 요 묘

　(수레를 모는 자가 듣기를 원하는) 최선의 행위는 수레바퀴 자국이 남지
않았다는 것이다.

　(옥을 가공하는 자가 듣기를 원하는) 최선의 언어는 옥에 결점이 없다는
것이다.

　(수리에 종사하는 자가 듣기를 원하는) 최선의 산수(算數)는 산가지의 책
략을 사용하지 않았다는 것이다.

　(관문을 세우는 자가 듣기를 원하는) 최선의 폐쇄는 관문의 빗장 없이도
열 수 없다는 것이다.

　(매듭짓는 사람이 듣기를 원하는) 최선의 결승(結繩)은 끈으로 매지 않았

는데도 풀 수 없다는 것이다.

이와 마찬가지로 성인은 상용할 최선을 다해 타인을 구제함으로써 버려지는 사람이 없게 했다. 상용할 최선을 다해 버려지는 사물을 없게 했다. 이야말로 '모범의 답습'으로 일컬을 수 있다.

최선의 능력을 지닌 사람은 그렇지 못한 사람의 스승이므로, 최선의 능력을 발휘하지 못하는 사람은 최선의 능력을 발휘할 자질을 끌어올릴 수 있다. 최선의 능력으로 끌어올려 줄 스승을 귀하게 여기지 않고, 그러한 자질을 사랑하지 않는 (통치자는) 지혜가 대단한 것처럼 여겨질지라도 (실제로는) 혼미한 통치자이니 〈박괘〉 도의 깨달음이야말로 중요하고도 현묘한 도이다.

🕸 풀이

〈박괘(剝卦☲)〉는 산을 상징하는 〈간괘(艮卦☶)〉와 땅을 상징하는 〈곤괘(坤卦☷)〉의 조합이다. 제일 위의 양효(一)가 다섯 음효(--)를 다스리는 형세다.

음기가 점점 자라나서 양기를 무너뜨리려는 모습은 사악한 세력이 정의를 소멸시키는 위기의 상황을 상징한다. 잘못 다스리면 혼란이 가중되므로 큰 지혜가 필요하다는 교훈을 일깨워 준다.

模 모범, 법식. 襲 답습. 籌 산가지.

知其雄 守其雌 爲天下谿. 爲天下谿 常德不離 復歸於嬰兒.
지 기 웅 수 기 자 위 천 하 계   위 천 하 계 상 덕 불 리 복 귀 어 영 아

知其白 守其黑 爲天下式. 爲天下式 常德不忒 復歸於無極.
지 기 백 수 기 흑 위 천 하 식   위 천 하 식 상 덕 불 특 복 귀 어 무 극

知其榮 守其辱 爲天下谷. 爲天下谷 常德乃足.
지 기 영 수 기 욕 위 천 하 곡   위 천 하 곡 상 덕 내 족

復歸於樸 樸散則爲器 聖人用之 則爲官長. 夫大制不割.
복 귀 어 박 박 산 즉 위 기 성 인 용 지 즉 위 관 장   부 대 제 불 할

웅비할 때를 지각하여 암컷처럼 (유약한 자세의) 고수는 천하를 위한 계곡물의 역할과 같다. 천하를 위한 계곡물의 역할은 상용할 덕이 이탈하지 않듯이 (쉼 없이 흘러야 하니 웅비할) 회복의 귀착은 영아를 (키우는 마음) 같아야 한다.

자신의 결백을 알아주더라도 암흑의 시기를 준수해야 하는 것은 천하를 위한 법식이다. 천하를 위한 법식이 상용할 덕에서 어긋나지 않는다면 회복의 귀착은 끝이 없을 것이다.

〈복괘〉의 귀착은 천하의 영광을 지각하고 천하의 백성이 받을 치욕을 지켜내고 천하를 위한 곡식 역할이어야 한다. 천하를 위한 곡식의 역할이어야 항상 불변의 덕은 비로소 백성을 만족시킬 것이다.

〈복괘〉의 귀착은 질박한 재목을 다듬는 심정이어야 한다. 질박한 재목이 확산해서 (조합되어야) 그릇이 되듯이 성인 문왕은 (그러한 재목을 등용하여) 관원의 수장이 되었다. (문왕처럼 실천하여 회복의 귀착으로 이

론) 대장부의 위대한 체제는 분할되지 않을 것이다.

❀ 풀이

〈복괘(復卦䷗)〉는 땅을 상징하는 〈곤괘(坤卦☷)〉와 우레를 상징하는 〈진괘(震卦☳)〉의 조합이다. 복(復)은 회복을 뜻한다.

가장 아래에 있는 양효(—)를 다섯 개의 음효(--)가 누르고 있는 형세지만, 추운 겨울 속에서도 대지 아래에서는 생명이 싹트고 있는 상황과 같다. 올바른 치국의 도를 펼치려는 외로운 통치자를 사악한 무리가 짓누르고 있는 상황으로 이상을 펼치는 데는 많은 고통이 따를 것이지만, 극복할 수 있다는 희망을 일깨워 준다.

雌 자성(雌性)과 같다. 암컷의 유약한 성질. 忒 어긋나다. 其 천하. 谷 곡(穀)과 같다. 곡식. 夫 대장부로 풀이해 둔다.

將欲取天下而爲之 吾見 其不得已. 天下神器 不可爲也.
장 욕 취 천 하 이 위 지 오 견 기 부 득 이 천 하 신 기 불 가 위 야

爲者敗之 執者失之. 故物 或行 或隨. 或歔 或吹. 或强 或羸.
위 자 패 지 집 자 실 지 고 물 역 행 역 수 역 허 역 취 역 강 역 리

或挫 或隳. 是以聖人去甚 去奢 去泰.
역 좌 역 휴 시 이 성 인 거 심 거 사 거 태

　(무도한 통치자들이) 장차 (망령된) 욕심으로 천하를 취해 천하를 위한
다고 하지만 내 견해로는 얻지 못하고 끝날 것이다. 천하는 천신의
기물이므로 망령된 행위로는 얻을 수 없다.

　망령된 행위를 하는 자는 천하를 얻는 데 실패할 것이며 일시적으
로 집권한 자일지라도 곧바로 천하를 잃을 것이다. (무력은 무력을 낳기
마련이다).

　이러한 상황에서 통치자라는 인물의 (경거망동을 살펴보면), 어떤 나
라의 (통치자는 가벼이) 행동하고, 어떤 통치자는 대세에 따르고, 어떤
통치자는 두려워만 하고 어떤 통치자는 부추긴다. 어떤 통치자는 강
한 척하고, 어떤 통치자는 지친다. 어떤 통치자는 좌절하고 어떤 통
치자는 그대로 무너진다.

　그러므로 성인 문왕은 극심한 욕심을 제거하고 사치와 같은 욕심
을 제거하고, 태산 같은 욕심을 제거하는 (방법을 〈무망괘〉의 교훈으로 일
깨웠다).

✦ 풀이

〈무망괘(无妄卦☳)〉는 하늘을 상징하는 〈건괘(乾卦☰)〉와 우레를 상징하는 〈진괘(震卦☳)〉의 조합이다.

망(妄)은 망령, 허위를 뜻하므로 무망(无妄)은 허위가 없는 것, 지성(至誠) 진실해야 하는 자세를 나타낸다. 괘의 형상은 두 음효(--)가 세 양효(—)에 억눌려 있는 모습으로, 천하를 얻고자 하는 통치자는 원형이정(元亨利貞)의 덕을 갖추어야 하며, 사욕으로 경거망동하지 말라는 뜻을 담고 있다. 〈无妄卦〉의 无는 無의 옛 자이다.

或 국(國)의 옛 자이다. 어떤 나라의 통치자로 풀이해 둔다. 不得已 얻지 못하고 끝나다. 歔 울부짖다, 두려워하다. 吹 부추기다. 羸 지치다. 隳 무너지다.

以道佐人主者 不以兵强天下. 其事好還 師之所處 荊棘生焉.
이 도 좌 인 주 자 불 이 병 강 천 하   기 사 호 환 사 지 소 처 형 극 생 언

大軍之後 必有凶年. 善有果而已 不敢以取强.
대 군 지 후 필 유 흉 년   선 유 과 이 이 불 감 이 취 강

果而勿矜 果而勿伐 果而勿驕. 果而不得已 果而勿强.
과 이 물 긍 과 이 물 벌 과 이 물 교   과 이 부 득 이 과 이 물 강

(物壯則老 是謂不道 不道早已).
물 장 즉 로 시 위 부 도 부 도 조 이

(덕의 축적을 상징하는 〈대축괘〉의) 도로 통치자를 보좌하는 자는 병기
로써 천하를 강하게 하지 않는다. 병기를 통한 사업은 탈환을 선호
한다. 사단이 이르는 곳마다 창칼이란 가시나무가 생겨나기 마련이
다. 대군이 지나간 후에는 반드시 흉년이 든 것과 같다.

최선의 점유일지라도 흉년 같은 결과일 뿐이니 과감한 용병으로
는 강자가 될 수 없다. 결과가 좋더라도 긍지를 가져서는 안 되며,
이러한 결과를 정벌의 공로로 삼아서는 안 되며, 이러한 결과로 교
만해서는 안 된다. 결과가 좋더라도 부득이할 뿐이니 이러한 결과에
강자라고 여겨서는 안 된다.

사물이 급속히 장성(壯盛)하면 곧바로 쇠퇴하듯이 이러한 일은
〈대축괘〉의 도가 아니며, 〈대축괘〉의 도로 나아가지 아니하면 일찍
시들 뿐이다.

❀ 풀이

〈대축괘(大畜卦䷙)〉는 산을 상징하는 〈간괘(艮卦☶)〉와 하늘을 상징하는 〈건괘(乾卦☰)〉의 조합이다. 하늘이 위에 있어야 정상인데, 산이 억누르고 있는 형세이므로 충돌이 일어날 수밖에 없다. 이를 바탕으로 전쟁의 폐해를 논한다. 또한 畜은 축적(蓄積)과 같다. 학문과 도덕을 축적한 군자로 천하를 위해 힘써야 한다는 점을 강조한다.

物壯則老 是謂不道 不道早已 제55장 〈현부(玄符)〉의 마지막 부분이 잘못 삽입되었다는 주장은 긍정하지만 그대로 풀이해 둔다. 荊棘 가시나무.

夫兵者 不祥之器.
부 병 자 불 상 지 기

(物或惡之 故有道者不處) 君子居則貴左 用兵則貴右.
물 역 오 지 고 유 도 자 불 처 군 자 거 즉 귀 좌 용 병 즉 귀 우

兵者不祥之器 非君子之器 不得已而用之. 恬淡爲上.
병 자 불 상 지 기 비 군 자 지 기 부 득 이 이 용 지 염 담 위 상

勝而不美而美之者 是樂殺人.
승 이 불 미 이 미 지 자 시 락 살 인

夫樂殺人者 則不可得志 於天下矣.
부 락 살 인 자 즉 불 가 득 지 어 천 하 의

吉事尙左 凶事尙右. 偏將軍居左 上將軍居右.
길 사 상 좌 흉 사 상 우 편 장 군 거 좌 상 장 군 거 우

言以喪禮處之. 殺人之衆 以悲哀泣之. 戰勝以喪禮處之.
언 이 상 예 처 지 살 인 지 중 이 비 애 읍 지 전 승 이 상 예 처 지

대장부의 병기는 상서롭지 못한 무기이다. 사물이든 나라이든 미워해야 하므로 (〈대축괘〉의 덕을) 소유한 대장부는 전쟁의 상황에 거처해서는 안 된다. (통치자를 중심으로 문관은 왼쪽에 위치하므로 보좌라 하며, 무관은 오른쪽에 위치하므로 보우라 한다).

마찬가지로 대장부가 거처할 때의 법칙은 왼쪽을 귀하게 여기고 용병할 때의 법칙은 오른쪽을 귀하게 여긴다. (병기는 주로 오른손을 사용하기 때문이다). 병기는 상서롭지 못한 기물이어서, 대장부가 사용할

만한 기물이 아니지만, 부득이하여 사용할 뿐이다.

대장부라면 고요하고 깨끗한 처신을 최상으로 여겨야 한다. 전쟁에 승리할지라도 좋지 못한 일이니, 승리를 훌륭한 일이라고 여기는 자는 살인을 즐기는 자와 같다고 여긴다. 대장부가 살인을 즐기는 자라면 뜻을 이룰 수 없을 것이니 천하에 존재할 수 있겠는가!

(문관과 무관의 위치에서 연유하여) 길사는 왼쪽을 숭상하고, (전쟁의) 흉사는 오른쪽을 숭상한다. (문관에 가까워 실무를 담당하는) 편장군은 왼쪽에 거처하고, (명령을 내리는) 상장군은 오른쪽에 거처한다. 이 말은 상례(喪禮)로써 전사자들을 기릴 때의 처신이다.

상장군의 명령으로 살인이 많을수록 흉사이며 편장군은 비애에 젖어 그들을 위해 곡읍(哭泣)의 절차를 담당한다. 전쟁에는 승리했을지라도 상례를 (주관하여 전사자의 영혼을 위로하는) 처신이다.

❀ 풀이

제30장에 이어 무력을 그쳐야 하는 까닭을 설명한다. 偃 무력에 쓰러지다. 夫 대장부. 或 국(國)과 같다. 惡 오로 읽는다. 미워하다, 싫어하다. 處 처하다. 恬 조용하다, 편안하다. 恬淡 마음이 깨끗하고 담담하다. 泣 곡읍하다.

物或惡之 故有道者不處也 제24장 마지막 구절의 중복이지만 〈대축괘〉의 도로 바꾸어 풀이해 둔다.

道常無名. 樸雖小 天下莫能臣. 侯王若能守之 萬物將自賓.
도 상 무 명　박 수 소　천 하 막 능 신　후 왕 약 능 수 지　만 물 장 자 빈

天地相合 以降甘露 民莫之令而自均. 始制有名 名亦既有.
천 지 상 합　이 강 감 로　민 막 지 영 이 자 균　시 제 유 명　명 역 기 유

夫亦將知止 知止可以不殆. 譬 道之在天下 猶川谷之於江海.
부 역 장 지 지　지 지 가 이 불 태　비　도 지 재 천 하　유 천 곡 지 어 강 해

(음식물을 씹듯이 〈이괘〉) 도의 상용은 욕심을 없앤 성인의 명분이다. 순박한 백성이 비록 미소한 존재이기는 하지만, 〈이괘〉 도의 상용이 아니면 천하의 누구라도 감히 신하로 삼을 수 없다. 제후나 왕이 〈이괘〉 도로 백성을 잘 지켜줄 수 있다면, 만물은 절로 빈객이 되는 것과 같다.

천지가 서로 화합하듯 〈이괘〉의 도를 상용하면 이로써 감로수를 내리는 격이니 백성은 법령을 막론하고 절로 균점(均霑)할 것이다.

(성인 문왕은 『주역』을) 제작할 때부터 〈이괘〉의 명분을 소유했으며, 이 명분은 또한 『주역』 제작 이전부터 소유했다. 대장부 또한 〈이괘〉의 지어지선(止於至善)을 지각해야 할 것이며, 지어지선을 지각해야 위태롭지 않을 것이다.

비유하자면 〈이괘〉의 도가 천하에 존재하는 것은 시내와 계곡물이 강과 바다에 흘러 모인 것과 같다.

(하천이나 계곡이 마르면 강과 바다가 존재할 수 없듯이 민의를 받들지 않는 제후나 통치자는 존재하기 어렵다).

⊗ 풀이

〈이괘(頤卦▤)〉는 산을 상징하는 〈간괘(艮卦☶)〉와 우레를 상징하는 〈진괘(震卦☳)〉의 조합이다. 이(頤)는 턱이다. 위아래 두 양효(━)는 입술에 해당하고, 속의 네 음효(--)는 음식물을 상징한다. 턱을 움직여 음식물을 씹는 형세로 기른다는 뜻이 파생되었다. 통치자가 음식물을 씹듯이 상용해야 할 도를 일깨워 준다.

無名(통치자 자신의) 무위한 명분으로 풀이해도 통한다. 旣有와 같은 뜻이며 有名은 無名의 결과이다. 賓 빈객. 均 균점(均霑)과 같다. 만인이 골고루 혜택을 받다. 止 지어지선(止於至善)으로 풀이해 둔다. 지극히 착한 경지.

知人者智 自知者明. 勝人者 有力 自勝者 强.
지 인 자 지 자 지 자 명 승 인 자 유 력 자 승 자 강

知足者 富. 强行者 有志. 不失 其所者 久. 死而不亡者 壽.
지 족 자 부 강 행 자 유 지 부 실 기 소 자 구 사 이 불 망 자 수

　타인의 힘을 지각한 자는 지혜가 있어야 하니 자신이 (인내해야 한
다고) 지각한 자만이 밝아질 것이다. 타인을 이긴 자는 힘을 소유하
고 있으니 자신이 이겨낼 때를 아는 자만이 강해질 것이다. 거족(巨
足)을 내디딜 때를 아는 자만이 부귀하게 될 것이다. 강력하게 행동
할 때를 아는 자만이 뜻을 이룰 것이다.
　실망하지 않고 (인내를 강조하는 〈대과괘〉의 도를) 소유한 자만이 장구
한 계획을 세울 수 있다. 죽어서도 잊히지 않을 자는 생전에 무덤을
마련해 둔 것과 같다.

❀ 풀이

〈대과괘(大過卦䷛)〉는 연못을 상징하는 〈태괘(兌卦☱)〉와 바람을 상징하는 〈손괘(巽卦☴)〉의 조합이다. 중간 부분 네 개의 양효(−)가 음효(--)의 기세에 눌린 모습이다. 양효는 강건한 정신의 소유자이지만 지나치면 기둥이 부러지는 형국과 같다. 난관에는 인내하면서 때를 기다려야 한다는 교훈을 일깨워 준다.

辯 변명하다. 『설문해자(說文解字)』에 근거하여, 치(治)로도 풀이할 수 있다. 亡 망(忘)과 같다. 잊다, 잊혀지다. 壽 수실(壽室), 생전에 마련한 무덤. 고대에 무덤을 남기는 일은 큰 공적을 상징한다.

大道氾兮 其可左右 萬物恃之以生而不辭.
대 도 범 혜 기 가 좌 우 만 물 시 지 이 생 이 불 사

功成不名有 衣養萬物而不爲主.
공 성 불 명 유 의 양 만 물 이 불 위 주

常無欲 可名於小 萬物歸焉而不爲主.
상 무 욕 가 명 어 소 만 물 귀 언 이 불 위 주

可名爲大 是以聖人之能成大也 以其不爲大也 故能成大.
가 명 위 대 시 이 성 인 지 능 성 대 야 이 기 불 위 대 야 고 능 성 대

　(성인의) 위대한 도는 범람과 같구나! 범람의 도가 좌우로 미치니, 만물이 범람의 도에 의지해서 생장하며 사양하지 않는 것 같도다. 성인은 공업이 이루어져도 명성의 소유를 원하지 않으니, 범람의 대도라는 의복이 만물을 기르면서도 주인 행세를 하지 않는 것과 같다.

　상용한 무욕(無欲)으로 범람한 명성은 미소한 곳까지 스며들고 만물이 귀속되어도 주인 행세를 하지 않는다. 범람의 명성이 위대한 도이듯이, 이처럼 성인 문왕의 능력과 성취는 위대한데도, 자신은 위대하다고 여기지 않았다. 이러한 까닭에 (〈습감괘〉의 인내로 이룬 문왕의) 능력과 성취가 위대하다고 말하는 것이다.

❀ 풀이

〈습감괘(習坎卦䷜)〉는 물을 상징하는 〈감괘(坎卦☵)〉를 중복한 조합이다. 성급히 행동하면 점점 더 수렁으로 빠지므로 때를 기다려야 하며 역경을 이겨낸 성인의 덕은 만물에 미치는 물의 영향과 같다는 점괘이다.

氾 범람하다. 위대한 성인의 도를 가리킨다. 恃 믿다, 의지하다. 可名 범람의 명성으로 풀이해 둔다.

執大象 天下往. 往而不害 安平太.
집 대 상 천 하 왕 왕 이 불 해 안 평 태

樂與餌 過客止 道之出口 淡乎. 其無味.
악 여 이 과 객 지 도 지 출 구 담 호 기 무 미

視之不足見. 聽之不足聞 用之不足既.
시 지 부 족 견 청 지 부 족 문 용 지 부 족 기

　(64괘 각 〈대상(大象)〉의 점괘에 따라) 집행해야 천하는 올바르게 나아
갈 수 있을 것이다. 〈대상〉의 뜻으로 나아가야 해가 없을 것이며 안
녕하고 평안하고 태평할 것이다. 아름다운 음악과 맛있는 음식에는
과객의 발길이 멈춘다. (그런데 〈대상〉의 도는 음악이나 진미에 비할 바가 아
닌데도, 제대로 깨닫고 행동하는 사람이 드물다).

　〈대상〉의 도를 깨달은 사람의 입에서 나오면 싱거운 정도란! 아
무런 맛이 없는 것처럼 느낀다. (깨닫지 못한 사람은) 〈대상〉에서 (인덕
의) 모습을 보더라도 그 견해를 살피기에 부족하고 인덕의 소리를
들어도 깨닫기에 부족하고 인덕의 도를 사용할지라도 기왕에 부족
할 뿐이다.

❀ 풀이

〈大象〉『주역』 64괘를 각각 종합하여 풀이한 괘의 총상. 각 점괘의 총론과 같다. 『도덕경』을 『주역』의 점괘에 바탕을 두어 풀이해야 할 근거로 삼을 수 있다.

執 잡다, 견지하다. 聞 들어 깨닫다. 旣 기왕(旣往)으로 풀이해 둔다.

제36장 微明(미명) | 미약해도 밝아지는 방법

將欲歙之 必固張之. 將欲弱之 必固强之.
장 욕 흡 지 필 고 장 지   장 욕 약 지 필 고 강 지

將欲廢之 必固興之. 將欲奪之 必固與之.
장 욕 폐 지 필 고 흥 지   장 욕 탈 지 필 고 여 지

是謂微明 柔弱勝剛强. 魚不可脫於淵 國之利器 不可 以示人.
시 위 미 명 유 약 승 강 강   어 불 가 탈 어 연 국 지 이 기 불 가 이 시 인

   (약소국의) 장래 욕망이 (무도한 강국의) 의지를 수축시키려면 (붙는다는 〈이괘〉의 도로) 반드시 확고하게 강국의 의지를 확장해 주는 듯해야 한다. 장래의 욕망이 강국의 의지를 약화하려면 반드시 확고하게 강국의 의지를 강화해 주는 듯해야 한다.

   장래 욕망이 강국의 의지를 폐기하려면 반드시 확고하게 강국의 의지를 중흥시켜 주는 듯해야 한다. 장래의 욕망이 강국의 의지를 탈환하려면 반드시 확고하게 강국의 의지에 참여하는 듯해야 한다.

   이야말로 미약해도 밝아지는 방법으로 일컬을 수 있으며 유약해도 승리할 수 있는 외유내강(外柔內剛)의 강인함이다. 물고기가 연못을 탈출해서는 (살 수 없듯이) 강국의 예리한 병기에는 생존이 불가하므로 (〈이괘〉의 교훈으로) 인도(人道)를 제시한다.

❀ 풀이

〈이괘(離卦☲)〉는 불을 상징하는 〈이괘(離卦☲)〉의 중복 조합이다. 이(離)는 떠난다는 뜻이지만 불은 반드시 다른 사물에 붙어야 타오를 수 있으므로 '붙다'는 반전의 뜻을 함축한다. 이에 연유하여 약소국이 생존할 수 있는 처신을 논한다.

歠 줄이다, 수축시키다. 之 지(志)와 같다. 뜻. 與 참여하다. 人 인도(人道)로 풀이해 둔다.

道常無爲 而無不爲. 侯王若能守之 萬物將自化.
도 상 무 위　이 무 불 위　후 왕 약 능 수 지　만 물 장 자 화

化而欲作 吾將鎭之 以无名之樸.
화 이 욕 작　오 장 진 지　이 무 명 지 박

无名之樸 夫亦將不欲 不欲以静. 天下將自定.
무 명 지 박 부 역 장 불 욕　불 욕 이 정　천 하 장 자 정

　(『주역』의) 도는 상용해도 무위하므로 이루지 못하는 일이 없다. 제
후나 왕이 (『주역』의 도로써 정치한다면) 만물의 (순리대로 백성은) 절로 교
화될 것이다.

　교화한다면서 사욕으로 조작하지만, 나라면 그 사욕을 진압하는
데는 (자연의 이치에 따르라는) 〈무망괘〉 명분의 질박함으로 하려 한다.

　〈무망괘〉 명분의 질박함으로 정치한다면 대장부 역시 사욕을 가
지지 않을 것이며 사욕을 가지지 않음으로써 안정될 수 있을 것이
다. 〈무망괘〉의 도로 정치하면 천하는 절로 안정될 것이다.

✬ 풀이

〈무망괘(无妄卦䷘)〉는 하늘을 뜻하는 〈건괘(乾卦☰)〉와 우레를 뜻하는 〈진괘(震卦☳)〉의 조합이다. 원형이정(元亨利貞)의 덕을 갖춘 자연의 도이며, 무망(无妄)은 바른 도를 굳게 지켜야 한다는 교훈을 일깨워 준다.

無爲 자신을 위하지 않다. 無不爲 무소불위(無所不爲)와 같다. 이루지 못하는 일이 없다. 无名 무망괘(无妄卦)의 명분, 거짓 없는 명분, 자연의 도. 樸 바탕, 질박함. 夫 대장부로 풀이해 둔다.

제38장 論德(논덕) | 『주역』도를 실행할 덕을 논하니

上德不德 是以有德. 下德不失德 是以無德.
상 덕 부 덕 시 이 유 덕   하 덕 부 실 덕 시 이 무 덕

上德無爲 而無以爲. 下德無爲 而有以爲.
상 덕 무 위 이 무 이 위   하 덕 무 위 하 덕 무 위

上仁爲之 而無以爲. 上義爲之 而有以爲.
상 인 위 지 이 무 이 위   상 의 위 지 이 유 이 위

上禮爲之 而莫之應 則攘臂而扔之.
상 예 위 지 이 막 지 응 즉 양 비 이 잉 지

故失道而後德 失德而後仁. 失仁而後義 失義而後禮.
고 실 도 이 후 덕 실 덕 이 후 인   실 인 이 후 의 실 의 이 후 예

夫禮者 忠信之薄而亂之首. 前識者 道之華 而愚之始.
부 예 자 충 신 지 박 이 란 지 수   전 식 자 도 지 화 이 우 지 시

是以大丈夫處其厚 不居其薄. 處其實 不居其華. 故去彼取此.
시 이 대 장 부 처 기 후 불 거 기 박   처 기 실 불 거 기 화   고 거 피 취 차

　상위의 덕행은 덕행으로 여기지 않음으로써 덕을 점유한다. 하위의 덕행은 덕을 잃지 않았다고 여기지만, 이야말로 덕을 없앤 행위이다. 상위의 덕행은 무위하며 자신의 무위로써 백성을 위한다. 하위의 덕행은 무위한다면서도 자신에게 유리해야 백성을 위한다. (그런데 하위의 덕행은 선전하기 때문에 상위의 덕행보다 오히려 선양되는 경우가 많다).

　상위의 인(仁)도 백성을 위하지만 무위해야 백성을 위할 수 있다. (그런데 인의 행위가 베풀어지는가!) 상위의 정의도 백성을 위하지만, (자

신에게) 유리해야 백성을 위한다. (이러한 정의라도 베풀어지는가!) 상위의 예도 백성을 위하지만, 상위의 예를 도모하여 웅대하면 오히려 팔의 소매를 걷고 상위의 예를 물리친다.

이러한 까닭에 (『주역』의) 도가 상실되어 덕행에 뒤서고, 덕행이 상실되어 인에 뒤서고, 인이 상실되어 정의에 뒤서고, 정의가 상실되어 (겉치레의) 예에 뒤서게 되었다. 대장부의 겉치레 예는 충성과 신의가 희박해져 생겨난 것으로 덕과 인과 정의보다 앞서는 혼란의 으뜸이다.

(인의와 예가 『주역』 도보다) 앞섰다고 인식하는 것은 『주역』 도의 부화이며 『주역』 도를 깨닫는 데 우매해진 시작이다. 대장부라면 『주역』 도의 순후함에 처해야 하며 (겉치레인 인의와 예라는) 경박함에 거처할 수 없다.

『주역』 도의 실질에 처해야지 부화한 (인의 예에) 거처할 수 없다. 이러한 까닭에 (성인 문왕은 겉치레의 인의와 예를) 버리고 『주역』 도의 무위를 취했던 것이다.

❈ 풀이

〈함괘(咸卦☷)〉는 연못을 상징하는 〈태괘(兌卦☱)〉와 산을 상징하는 〈간괘(艮卦☶)〉의 조합이다. 함(咸)은 감(感)과 통하며 감응과 같다. 도덕 인의 예의 상관관계와 감응의 순서를 논한다.

莫 모(謨)와 같다. 도모하다, 꾀하다. 上禮 마음속에서 우러나는 진정한 예. 攘 물리치다. 臂 팔. 攘臂 소매를 걷어올리다. 扔 당기다, 부수다, 버리다. 後 뒤로하다. 華 부화(浮華)와 같다. 겉치레. 處 처하다, 누리다.

昔之得一者 天得一以淸 地得一以寧. 神得一以靈 谷得一以盈.
석 지 득 일 자 천 득 일 이 청 지 득 일 이 녕 신 득 일 이 령 곡 득 일 이 영

萬物得一以生. 侯王得一以爲天下正 其致之. 天無 以淸
만 물 득 일 이 생 후 왕 득 일 이 위 천 하 정 기 치 지 천 무 이 청

將恐裂.
장 공 렬

地無以寧 將恐發. 神無以靈 將恐歇. 谷無以盈 將恐竭.
지 무 이 녕 장 공 발 신 무 이 령 장 공 헐 곡 무 이 영 장 공 갈

萬物無以生將恐滅.
만 물 무 이 생 장 공 멸

侯王無以貴高 將恐蹶 故貴以賤爲本 高以下爲基.
후 왕 무 이 귀 고 장 공 궐 고 귀 이 천 위 본 고 이 하 위 기

是以侯王自謂孤 寡 不穀 此非以賤爲本邪.
시 이 후 왕 자 위 고 과 불 곡 차 비 이 천 위 본 야

非乎. 故致數輿無輿. 是故不欲琭琭如玉. 硌硌如石.
비 호 고 치 수 여 무 여 시 고 불 욕 녹 록 여 옥 낙 락 여 석

　

《항괘》의 교훈을 얻은 자는 하늘은 항상 불변의 일월성신을 자득하여) 분명하고, 땅은 (사계절과 같은 항상 불변을 자득하여) 안녕하다고 깨닫는다. (점을 쳐서 물은) 신의 뜻은 항상 불변을 자득하여 영험하고, 계곡물은 항상 불변을 자득하여 바다를 채운다고 깨닫는다. 이처럼 만물은 항상 불변을 자득하여 생장한다.

제후나 왕은 항상 불변의 덕을 자득하여 천하를 다스리는 정도로 삼아야 하니, 항상 불변의 덕은 천하를 다스리는 정도에 이르게 한다. 하늘의 질서와 같은 항상 불변이 무시된 채 맑아졌다면 분열을 두려워해야 할 것이다.

땅의 사계절과 같은 항상 불변이 무시된 채 안녕해졌다면 도발을 두려워해야 할 것이다. 점으로 나타난 신의 뜻이 무시된 채 영험해졌다면 영험의 그침을 두려워해야 할 것이다.

계곡물의 흐름과 같은 항상 불변이 무시된 채 강과 바다처럼 채워지는 형세라면 갈수(渴水)의 상황을 두려워해야 할 것이다.

자연 만물의 법칙이 무시된 채 생장했다면 소멸을 두려워해야 하는 일은 (항상 불변의 덕을 무시했기 때문이다).

제후나 왕이 항상 불변의 덕을 무시한 채 고귀해졌다면 궐기를 두려워해야 하니, 귀함은 비천함을 근본으로 삼고, 고위는 하위를 기반으로 삼기 때문이다. 그런데 제후나 왕은 '고인(孤人)', '과인(寡人)', '불곡(不穀)'의 칭호로 자신을 낮추지만, (겸양의 칭호만으로는 〈항괘〉의 교훈에 어긋나니) 낮은 자세를 근본 삼았다고 할 수 있겠는가!

그렇지 않도다! 이러한 까닭에 수많은 수레로 치달아 군림하는 일은 자신의 수레를 없애는 행위와 같다. 이러한 까닭에 옥돌을 원하지 않음으로써 옥처럼 귀하게 될 것이니 옥돌 같은 행위는 반석 같아야 한다.

❀ 풀이

〈항괘(恒卦䷟)〉는 우레를 상징하는 〈진괘(震卦☳)〉와 바람을 상징하는 〈손괘(巽卦☴)〉의 조합이다. 제후나 왕은 항상 불변의 덕으로 다스려야 한다는 교훈을 일깨워 준다.

풀이의 핵심은 昔과 一에 있다. 昔 착으로 읽는다. 교착(交錯)하다. 一〈항괘〉 항상 불변. 谷 계곡물. 萬物得一以生과 萬物無以生將恐滅 어색하므로 제외해야 한다는 주장은 설득력이 있으나 그대로 풀이해 둔다.

侯王 제후와 왕. 자의대로도 잘 통한다. 孤 寡 不穀 제후나 왕이 자신을 낮추는 겸양어. 蹶 신하 또는 백성의 궐기. 輿 수레, 명예, 정기(旌旗). 琭 옥. 硌 옥돌. 石 반석으로 풀이해 둔다.

제40장 去用(거용) | 우선은 제거할 효용

返者 道之動. 弱者 道之用. 天下萬物生於有 有生於無.
반자 도지동   약자 도지용   천하만물생어유 유생어무

　(물러날 때를 알아) 되돌아오는 자는 〈둔괘〉 도의 능동성에 따른 처신이다. (돼지처럼 잘 도망친다는 뜻을 가진 〈둔괘〉는 이러한 능동성을 나타내며) 약자는 〈둔괘〉 도의 효용을 따라야 이롭다.

　천하 만물의 원리는 점괘의 유명(有名)에서 탄생했으며 점괘의 유명은 설명이 없는 (64괘의 형상에서) 탄생했다.

　(진퇴의 시기를 알려주는 것이 『주역』 도이며, 〈둔괘〉는 물러날 때의 처신을 알려준다).

❀ 풀이

〈둔괘(遯卦☰☰)〉는 하늘을 상징하는 〈건괘(乾卦☰)〉와 산을 상징하는 〈간괘(艮卦☶)〉의 조합이다. 둔(遯)은 달린다는 착(辶)과 돼지를 뜻하는 돈(豚)의 합성어로서 돼지는 잘 달아나기 때문에 '도망'의 뜻으로 사용된다.

네 개의 양효가 두 개의 음효를 압박하는 형세이다. 일단 물러날 수밖에 없는 상황이지만, 두 개의 음효는 완전하게 눌린 기세가 아니어서 아직까지는 능동적으로 행동할 수 있다. 이러한 점괘에 근거하여 풀이해 둔다.

有 유명(有名). 점괘와 같다. 無 무명(無名). 괘에 설명을 붙이기 이전의 팔괘 또는 64괘만의 모습. 天下萬物生於有 有生於無 윗부분과 어색하지만 원문 그대로 풀이해 둔다.

上士聞道 勤而行之. 中士聞道 若存若亡.
상사문도 근이행지 중사문도 약존약망

下士聞道 大笑之. 不笑不足以爲道.
하사문도 대소지 불소부족이위도

故建言有之. 明道若昧.
고건언유지 명도약매

進道若退. 夷道若纇.
진도약퇴 이도약뢰

上德若谷. 大白若辱. 廣德若不足.
상덕약곡 대백약욕 광덕약부족

建德若偷. 質眞若渝. 大方無隅.
건덕약투 질진약투 대방무우

大器晚成. 大音希聲.
대기만성 대음희성

大象無形. 道隱無名.
대상무형 도은무명

夫唯道 善始且善成.
부유도 선시차선성

　(올바름을 지켜야 한다는 〈대장괘〉에 대해) 현사가 그러한 도를 들으면, 근신하며 그러한 도에 따라 행동할 것이다. 사심이 들어 있는 중간 정도의 선비가 그러한 도를 들으면, (자신의 이익 여부에 따라) 공존하거

나 도망칠 것이다. 어리석은 선비가 그러한 도를 들으면 이해하지 못하고 크게 조소할 것이다.

(《대장패》의) 도는 어리석은 선비가 비웃을 수조차 없이 심오하여 선비의 도로 삼기에는 부족한 것처럼 여겨진다. 이러한 까닭에 나의 견해를 건의하여 그러한 도를 소유하라고 한다.

명백한 선비의 도는 몽매한 도인 듯 취급당한다. 진보의 도는 퇴보할 도인 듯 취급당한다. 이처럼 상용할 평탄한 도가 엉킨 실타래 같은 도인 듯 취급당한다.

(이와 같은 취급에) 최상의 덕은 계곡의 메아리일 뿐이다. 위대한 결백은 치욕을 당할 뿐이다. 광대하게 베풀 수 있는 덕은 부족한 것만 같다. 덕행으로 건립하려는 행위는 훔친 행위처럼 여긴다. 질박한 진리는 구차한 행위처럼 여긴다.

(그렇더라도) 광대하게 베풀 수 있는 덕행으로 사방을 밝혀야 구석진 곳을 없앨 수 있다.

〔초나라 장왕은 집권한 지 3년이 지났는데도 명령을 내리는 일도 없고 정책을 집행하는 일도 없었다. 어느 날, 시중들던 우사마(右司馬)가 수수께끼를 내는 것처럼 물었다. "저 멀리 남쪽 언덕에 3년 동안 날지도 않고 울지도 않는 새가 있는데, 무슨 까닭이겠습니까?"

장왕이 대답했다. "3년 동안이나 날개를 펼치지 않은 까닭은 날개의 깃털을 더 자라도록 하는 기간이다. 날개를 펼치지 않고 울지 않은 까닭은 백성의 모습을 관찰하기 위함이다. 비록 지금은 날지 않지만 일단 날면 곧바로 구름 위로 오를 것이다. 비록 지금 울지 않지만, 일단 울기 시작하면 울음소리는 세상을 진동시킬 것이다. 그대는 새가 날지도 않고 울지도 않는다고 해서 걱정할 필요가 없다. 나는 이미 그대의 뜻을 잘 알고 있다."

이로부터 반년이 지난 후 장왕은 직접 정무를 처리하기 시작했다.

폐지한 제도가 10건, 신설한 제도가 9건, 5명의 대신을 사형시키고, 6명의 인재를 새로 발탁했다. 점차 나라를 안정시키고 군사력을 강화했다. 제나라의 함락을 시작으로 맹주였던 진나라와 싸워 하옹(河雍) 지방 전투에서 승리한 다음, 송나라에 제후들을 모아 천하의 맹주임을 맹세 받았다].

(이처럼 〈대장괘〉의 도를 바탕삼은) 위대한 기량은 늦게 이루어지는 법이다. 이처럼 위대한 정음은 참으로 희소하게 듣는 명성이다.

(우레의 울림이 〈대장괘〉의 본질이지만 우레인) 〈대상〉은 형체가 없듯이 〈대장괘〉의 도로 나아가는 선비는 은사처럼 명성이 없다.

그러나 대장부도 '예~ 예!' 하며 따를 도이며 선정의 시작이요, 선정의 성취일 것이다.

⊗ 풀이

〈대장괘(大壯卦☳)〉는 우레를 상징하는 〈진괘(震卦☳)〉와 하늘을 상징하는 〈건괘(乾卦☰)〉의 조합이다. 대(大)는 양을 의미하며 장(壯)은 왕성하다는 뜻이다. 예가 아니면 행하지 말라는 교훈으로 선비의 역량을 나타낸다. 〈大象〉이 풀이의 핵심이다. 〈대장괘〉의 〈대상〉은 우레가 하늘에서 크게 울리는 형상이지만 그 모습을 볼 수 없는 상태이다.

上士 현사(賢士)와 같다. 中士 이익에 따라 움직이는 중등 정도의 선비. 下士 어리석은 선비. 道 선비의 도. 치국의 도로 풀이해도 통한다. 建 아뢰다. 廣 넓다. 偷 훔치다, 탐내다. 渝 변하다, 구차하다. 纇 엉킨 실타래. 夷 평탄하다. 상용하지 않으면 다칠 도와 같다. 隅 모퉁이. 希 희(稀)와 같다. 희소하다.

초나라 장왕~맹세 받았다는 부분은 大器晚成을 설명하기 위해 『한비자(韓非子)·유로(喻老)』부분을 보충해 둔다.

道生一 一生二 二生三 三生萬物. 萬物負陰而抱陽沖氣以爲和.
도생일 일생이 이생삼 삼생만물 만물부음이포양충기이위화

(人之所惡 唯孤 寡 不穀 而王公以爲稱.
 인지소오 유고 과 불곡 이왕공이위칭

故物或損之而益 或益之而損.
고물혹손지이익 혹익지이손

人之所教 我亦教之 强梁者 不得其死. 吾將以爲教父.)
인지소교 아역교지 강량자 부득기사 오장이위교부

『주역』도의 형성과 조화 과정은 제일 먼저 양효(陽爻—)를 생성하고 양효는 음효(陰爻--)를 생성시켰으며, 양효와 음효가 조화되어(二) 8괘(三)를 생성하고, 팔괘는 만물이 생성하는 원리로 조화(調和)했다.

이러한 까닭에 만물이란 음기를 업고 양기를 껴안아 (여러 차례 교접함으로써) 충적된 음양의 기운이 조화되어 생장한다고 여기는 것이다.

사람들이 싫어한 바는 '예~ 예!' 하는 '고(孤)', '과(寡)', '불곡(不穀)'의 명칭인데도 왕공들은 이로써 자신을 칭하며 (겉치레의 겸양을 드러낸다). 이러한 까닭에 이러한 인물이 다스리는 나라의 통치자는 자신이 손해 보아야 백성에게 이익인데도, 자신의 이익만 생각하므로 백성이 손해 보게 된다. 타인이 교훈으로 삼는 바를 나 역시 교훈으로 삼는다.

(통치자보다) 강한 들보 (같은 신하는 온전한) 죽음을 맞지 못한다. (향락을 일삼은 주왕은 비간이 충간하자, 그의 심장을 도려내는 형벌을 내렸다). 나는

이러한 일을 교훈의 아버지로 삼고자 한다.

❀ 풀이

〈진괘(晉卦☷☲)〉는 불을 상징하는 〈이괘(離卦☲)〉와 땅을 상징하는 〈곤괘(坤卦☷)〉의 조합이다. 위에는 태양을 상징하는 불이 있고 아래에는 땅이 있으므로, 만물이 땅과 태양에 의지하여 순조롭게 생장하는 모습을 상징한다. 일이 순조롭게 진행되고 결과는 크게 보답받을 수 있지만 신중한 자세가 절실하게 요구된다. 39장의 항괘는 항상 불변의 뜻을 얻는다.

三 팔괘로 풀이해 둔다. 고(孤) 과(寡) 불곡(不穀) 통치자가 자신을 낮추어 칭하는 말이다.

人之所惡~我亦教之는 제38, 39장 부분이 잘못 삽입된 것이며, 强梁者, 不得其死. 吾將以爲教父는 제43장의 첫머리로 가야 한다는 주장은 긍정하지만, 이 장에서도 자의대로 풀이해 둔다.

(强梁者 不得其死. 吾將以爲教父).
강 량 자 부 득 기 사   오 장 이 위 교 부

天下之至柔 馳騁天下之至堅.
천 하 지 지 유 치 빙 천 하 지 지 견

無有入無間. 吾是 以知無爲之有益.
무 유 입 무 간   오 시 이 지 무 위 지 유 익

不言之教 無爲之益天下希及之矣.
불 언 지 교 무 위 지 익 천 하 희 급 지 의

　(통치자보다) 강한 들보 (같은 신하는 온전한) 죽음을 맞지 못한다. (향락을 일삼은 주왕은 비간이 충간하자, 그의 심장을 도려내는 형벌을 내렸다). 나는 이러한 일을 교훈의 아버지로 삼고자 한다.

　천하의 (올바른 선비들은) 지극히 유순하지만, 천하에서 (치국의 도로) 내달릴 때는 지극히 굳세다. 부소유의 정신으로 (백성 속으로) 들어갈 때는 간격이 없다. 내가 지금 이러고 있는 까닭은 〈명이괘〉의 교훈으로 올바른 선비의 무위가 백성에게 유익함을 알리기 위해서다.

　(이러한 신하는) 말할 필요가 없는 교화를 펼치며 무위의 이익을 가져다주지만, 천하에서 이러한 능력으로 백성에게 이익을 미치는 자는 희박하다.

❀ 풀이

〈명이괘(明夷卦≡≡)〉는 땅을 상징하는 〈곤괘(坤卦≡≡)〉와 불을 상징하는 〈이괘(離卦≡≡)〉의 조합이다. 명(明)은 태양으로 통치자를 상징하며, 이(夷)는 상처받는 신하를 상징한다. 태양이 땅에 억눌려 있는 모습은 신하가 통치자를 무시하거나 자신의 목숨을 돌보지 않고 충간하는 형세에 비유된다.

점괘에 근거하면 제42장의 强梁者 不得其死. 吾將以爲敎父는 이 장에 삽입되어야 함을 알 수 있다. 삽입하여 풀이해 둔다. 畺는 〈명이괘〉로 바로잡다. 無間 간격이 없다, 허물없다.

名與身孰親. 身與貨孰多.
명 여 신 숙 친   신 여 화 숙 다

得與亡孰病. 是故甚愛大費 多藏厚亡.
득 여 망 숙 병   시 고 심 애 대 비 다 장 후 망

知足不辱 知止不殆 可以長久.
지 족 불 욕 지 지 불 태 가 이 장 구

　명성이 자신에게 주어지면, 누가 먼저 친목하겠는가! (가족이다).
자신이 재화를 주면 누가 많이 취하겠는가! 가족이다.

　그런데 지나친 이득 추구에 참여하다 망하면 누가 병들겠는가?
가족이다.

　이러한 까닭에 명성과 재화에 대한 지나친 애착에는 큰 비용이 들
므로, 많이 저장할수록 크게 망하는 법이다.

　만족을 알아야 치욕을 당하지 않을 것이며, 지양(止揚)할 줄 알아야
위태롭지 않을 것이니 (이로써 자신과 가족은) 장구할 수 있을 것이다.

❀ 풀이

〈가인괘(家人卦䷤)〉는 바람을 상징하는 〈손괘(巽卦☴)〉와 불을 상징하는 〈이괘(離卦☲)〉의 조합이다. 가장의 역할과 가족의 화목을 지키는 근본 도를 논한바, 재화와 명성의 지나친 추구에 대해 경계의 원칙을 수립하는 도로 삼아야 한다는 교훈을 일깨워 준다.

大成若缺 其用不弊. 大盈若冲 其用不窮. 大直若屈. 大巧若拙.
대 성 약 결 기 용 불 폐 대 영 약 충 기 용 불 궁 대 직 약 굴 대 교 약 졸

大辯若訥. (躁勝寒 静勝熱) 清静爲天下正.
대 변 약 눌 조 승 한 정 승 열 청 정 위 천 하 정

(〈규쾌〉의 괴리에 따른) 위대한 성취는 결점이 있는 것 같지만 그 효용은 피폐해질 수 없다. 〈규쾌〉의 괴리에 따른 위대한 영덕(盈德)은 현실과 상충하는 것 같지만 그 효용은 무궁하다.

〈규쾌〉의 괴리에 따른 위대한 강직은 굴욕당하는 것처럼 보인다. 〔춘추시대 야심가인 진(晉)나라 도안고(屠岸賈)는 경공(景公)을 부추겨 정적인 조삭(趙朔) 가문을 멸족시켰다. 조삭의 문객이었던 정영(程嬰)은 기지를 발휘하여 막 태어난 조삭의 혈육인 조무(趙武)를 몰래 집으로 안고 와서, 비슷한 시기에 태어난 자신의 자식과 함께 길렀다.

정영이 조삭의 혈육을 빼돌렸을 것이라는 의심을 버리지 못한 도안고는 정영에게 자신이 보는 앞에서 두 아이 중 한 아이를 2층 누각에서 떨어뜨리라는 명령을 내렸다. 정영은 피눈물을 삼키면서 자신의 자식을 떨어뜨려 도안고의 의심을 피했다. 이와 같은 행위는 일반인의 감정과 너무 괴리가 크지만, 성장한 조무는 마침내 도안고 가문을 멸족시키고 국정을 장악했다〕.

〈규쾌〉의 괴리에 따른 위대한 계교는 졸렬한 행위처럼 보인다. 〔춘추시대 장공(莊公)은 부친 무공(武公)을 계승하여 정(鄭)나라의 3대 통치자가 되었다. 모친 강씨는 장공과 숙단(叔段)을 낳았는데,

장남인 장공보다 숙단을 총애하여 숙단을 통치자로 앉히고 싶었으나 뜻을 이루지 못했다. 모친의 위세에 의지한 숙단은 오만불손한 행동으로 장공을 무시했다.

장공의 도성보다 높은 성을 쌓았으며, 이웃 도읍을 끌어들여 세력을 확장한 후 장공을 기습 공격했다. 그러나 이러한 상황을 잘 알고 있으면서도 전혀 내색하지 않은 장공은 숙단의 기습을 침착하게 막아내고, 나라 밖으로 축출하여 내부의 우환을 제거했다].

〈규괘〉의 괴리에 따른 위대한 변론은 (단조롭고 무미건조하며) 어눌한 것처럼 보이지만 (그 통찰력은 깊이를 예측할 수 없을 만큼 심오하다).

빠른 (판단과 행동은) 오싹한 (현실을 이겨낼 수 있고), 냉정한 판단과 행동은 태울 듯한 열기를 이길 수 있다. 맑고도 냉정하게 행동하라는 〈규괘〉의 교훈은 천하를 위한 사필귀정과 같다.

❀ 풀이

〈규괘(睽卦䷥)〉는 불을 상징하는 〈이괘(離卦☲)〉와 연못을 상징하는 〈태괘(兌卦☱)〉의 조합이다. 규(睽)는 괴(乖)와 통하며, 현실과 괴리된 인식을 나타낸다. 이러한 괴리는 불과 물이 상생할 수 없는 것처럼 보통 사람의 식견으로는 이해할 수 없는 경지이다. 미래를 내다보는 통찰력으로 고난을 견뎌 내라는 교훈을 일깨워 준다.

冲 상충하다. 辯 말씀, 변론하다, 변명하다. 訥 말을 더듬다, 어눌하다. 躁 조급하다는 뜻이지만 긍정의 뜻으로 쓰였다. 『설문해자(說文解字)』의 '빠르다(疾也)'에 근거하여 신속한 판단으로 풀이해 둔다. 寒 오싹하다. 淸靜 맑고도 냉정하다. 熱 태우다.

춘추시대~장악했다와 춘추시대 장공~제거했다는 부분은 〈규괘〉의 예로써 보충해 둔다.

天下有道 却走馬以糞. 天下無道 戎馬生於郊.
천하유도 각주마이분 천하무도 융마생어교

禍莫大於不知足. 咎莫大於欲得. 故知足之足 常足矣.
화막대어부지족 구막대어욕득 고지족지족 상족의

　천하(통일을 꿈꾸는 통치자가 고난을 헤쳐나가는 〈건괘〉의) 도를 소유하면 (적을 향해) 달리는 말을 퇴각시켜 논밭에 분뇨를 뿌리게 할 수 있다. 천하가 〈건괘〉의 도를 무시하면 (갑옷과 투구에 이가 들끓고, 제비와 참새가 막사에 둥지를 틀어도, 병사들은 집으로 돌아갈 수 없을 것이며, 결국은) 오랑캐 말이 교외에 새끼를 낳게 될 것이다.

　〔진(晉)나라 권력자인 지백(智伯)은 범씨(范氏)와 중행씨(中行氏)의 영토를 병합한 후, 한씨와 위씨, 조씨로 하여금 만 호의 봉읍을 바치게 했다. 조씨가 끝내 말을 듣지 않자, 지백은 한씨와 지씨의 군대와 함께 조씨를 토벌하려 했다.

　승리를 눈앞에 둔 순간, 지백을 배반한 한씨와 위씨는 조씨의 군대와 연합하여 도리어 지백을 공격했다. 지백의 군대는 진양 지방에서 항복하고, 자신은 고량 지방에서 죽임을 당했다. 영토는 분할되고 지백의 머리는 검은 옻칠을 한 술잔으로 만들어졌다〕.

　재앙 중에 만족을 모르는 재앙보다 큰 재앙은 없고, 허물 중에 과욕의 허물보다 더 큰 허물은 없다. 그러므로 만족을 아는 만족이야말로 상용할 만족이라 할 수 있다.

❀ 풀이

〈건괘(蹇卦☵☶)〉는 물을 상징하는 〈감괘(坎卦☵)〉와 산을 상징하는 〈간괘(艮卦☶)〉의 조합이다. 건(蹇)은 발을 전다는 뜻이다. 험난한 상황에 놓인 처지로 근본 해결방안은 내적 도덕 수양에서 찾아야 한다는 교훈을 일깨워 준다.

갑옷과~결국 부분과 진(晉)나라~만들어졌다는 부분은 『한비자(韓非子)·유로(喩老)』인용으로 보충해 둔다.

不出户 知天下 不窺牖 見天道.
불 출 호 지 천 하 불 규 유 견 천 도

其出彌遠, 其知彌少.
기 출 미 원   기 지 미 소

是以聖人不行而知 不見而明 不爲而成.
시 이 성 인 불 행 이 지 불 견 이 명 불 위 이 성

　(〈해괘〉의 도를 깨달으면) 문을 나서지 않아도 천하의 일을 알 수 있고
창문을 통해 살피지 않아도 천체의 운행을 보는 것과 같을 것이다.

　(그런데 잘못 해석하여) 출발하면 정도와 더욱 멀어지고, 〈해괘〉를 통
한 지혜는 더욱 미소(微少)해질 것이다.

　그러므로 성인 문왕은 (점괘를 올바르게 해석하여) 나아가지 않아도
천하의 형세를 알 수 있었고, 보지 않아도 문제 해결에 명철(明哲)했
으며, 자신을 위하지 않음으로써 (주나라 개창을) 성취했다.

❀ 풀이

〈해괘(解卦 ䷧)〉는 우레를 상징하는 〈진괘(震卦 ☳)〉와 물을 상징하는 〈감괘(坎卦 ☵)〉의 조합이다. 우레가 진동하여 비가 내리면 만물은 깨끗해지듯이 어려움의 해소를 상징한다.

不出戶 知天下 군자는 문밖을 나서지 않고도 세상일을 알 수 있다는 말은 이 구에서 유래한다. 彌 두루, 더욱.

爲學日益 爲道日損. 損之又損 以至於無爲.
위 학 일 익 위 도 일 손 손 지 우 손 이 지 어 무 위

無爲而無不爲. 取天下常以無事. 及其有事 不足 以取天下.
무 위 이 무 불 위 취 천 하 상 이 무 사 급 기 유 사 부 족 이 취 천 하

　(무도한 군주는) 자신을 위해 〈손괘〉의 도를 모방만 하면서 매일 사익을 증가시킬 생각뿐이지만, 백성을 위한 〈손괘〉의 진정한 도는 매일 자신의 욕망을 덜어낸다. 덜어내고 또 덜어내니 마침내 〈손괘〉의 도로 무위의 상태에 있게 된다. 무위해지면 백성을 위해 못 할 일이 없다.

　천하에서 세금을 취할 때는 〈손괘〉의 도를 상용해야 무사할 수 있다. 유사시에 이른 까닭은 〈손괘〉의 도가 부족한데도 천하에서 세금을 취한 때문이니 (어찌 전쟁이 일어나지 않겠는가)!

⊛ 풀이

〈손괘(損卦䷨)〉는 산을 상징하는 〈간괘(艮卦☶)〉와 연못을 상징하는 〈태괘(兌卦☱)〉의 조합이다. 손(損)은 덜어낸다는 뜻으로 백성을 수탈해서 지배층을 살찌우는 상황이다. 관리는 사사로운 욕망을 제거하고 백성의 고통을 덜어주어야 한다는 교훈을 일깨워 준다.

學 모방하다, 흉내 내다. 〈손괘〉의 도를 흉내만 내어 사익을 취한다는 뜻으로 쓰였다. 無不爲 무소불위(無所不爲)와 같다. 못 할 일이 없다. 有事 유사시.

聖人無常心 以百姓心爲心.
성 인 무 상 심　이 백 성 심 위 심

善者 吾善之. 不善者 吾亦善之. 德善.
선 자　오 선 지　불 선 자　오 역 선 지　덕 선

信者 吾信之. 不信者 吾亦信之. 德信.
신 자　오 신 지　불 신 자　오 역 신 지　덕 신

聖人在天下 歙歙焉.
성 인 재 천 하　흡 흡 언

爲天下渾其心 百姓皆注其耳目 聖人皆孩之.
위 천 하 혼 기 심　백 성 개 주 기 이 목　성 인 개 해 지

　성인 (문왕은 자신의 이익을) 상용할 마음을 없애고 백성의 마음을 자신의 마음으로 삼았으니 (《익괘》의 도를 깨달아 백성의 이익만을 생각했기 때문이다. 문왕이 말했다). "나를 위해 최선을 다하는 자에게는 나도 그를 위해 최선을 다할 것이다. 나를 위해 최선을 다하지 않는 자이지만 나는 그래도 그를 위해 최선을 다할 것이다." (백성이 말했다). "문왕의 덕이 최선이로다."

　(문왕이 말했다). "나를 신용하는 자라면 나도 그를 신용한다. 나를 신용하지 못하는 자이지만 나는 그래도 그를 신용한다." (백성이 말했다). "문왕의 덕은 신용할 수 있도다."

　성인 문왕이 천하에 있을 때는 (백성이 그 덕을) 공기처럼 흡입했도다. 흡입했도다. 문왕이 천하를 위할 때는 백성의 마음과 혼연일체

였다. 백성은 모두 문왕의 이목을 주목했으니, 성인의 모든 행위는
백성을 어린아이처럼 돌보았다.

⊗ 풀이

〈익괘(益卦▤)〉는 바람을 상징하는 〈손괘(巽卦☴)〉와 우레를 상징
하는 〈진괘(震卦☳)〉의 조합이다. 바람과 우레의 상승 작용으로 비를
내리듯이 통치자는 한없는 은혜를 베풀어야 한다는 교훈을 일깨워
준다.

歙歙 흡입하다. 강조로 풀이해 둔다. 渾 혼연일체(渾然一體)와 같다.

제50장 貴生(귀생) | 귀하게 보존할 생명

出生 入死. 生之徒 十有三 死之徒 十有三.
출생 입사 생지도 십유삼 사지도 십유삼

人之生 動之於死地 亦十有三. 夫何故. 以其生生之厚.
인지생 동지어사지 역십유삼 부하고 이기생생지후

蓋聞善攝生者, 陸行不遇兇虎, 入軍不被甲兵. 兇無所投其角.
개문선섭생자 육행불우시호 입군불피갑병 시무소투기각

虎無所用其爪. 兵無所容其刃. 夫何故. 以其無死地.
호무소용기조 병무소용기인 부하고 이기무사지

(간악한 소인을) 축출하여 생을 도모할 처지라면, (감히 공격하는 일은) 사지에 진입하는 것과 같다. (그런데 신중하게 처신하여) 생을 도모하는 무리가 10분의 3이라면, 경거망동하여 사지로 진입하는 무리 역시 10분의 3이다.

(본분을 잊고 잘못된) 타인의 생을 위해 경거망동으로 사지에 진입하는 자 또한 10분의 3이다. 이러한 대장부는 무슨 까닭에 그러한가? 이러한 방법으로 생을 도모한다고 해서 생이 순후해지겠는가?

(10분의 1이기는 하지만, 자신의 생명을 잘 보전하는 대장부의 말을) 들어보면 육지에서는 코뿔소나 호랑이의 해를 당하지 않도록 행동하고, 입대해서는 적병에게 당하지 않을 (방법을 알고 있다고 말한다).

코뿔소도 그 뿔로 투항하게 할 수 없고, 호랑이도 그 발톱을 소용없게 하고, 적의 병기가 닥치더라도 그 칼날을 용납할 수 없게 만들 수 있다고 한다.

이러한 대장부는 무슨 방법으로 그러할 수 있는가? (〈쾌괘〉의 도인 생명 보전의 방법을 잘 알아 대처함으로써) 사지에 내몰리는 일이 없기 때문이다.

❀ 풀이

〈쾌괘(夬卦䷪)〉는 연못을 상징하는 〈태괘(兌卦☱)〉와 하늘을 상징하는 〈건괘(乾卦☰)〉의 조합이다. 쾌(夬)는 결(決)과 같으며 해결을 뜻한다. 실권을 쥐고 있는 간악한 소인으로부터 생명을 보전하는 방법을 일깨워 준다.

摄 다스리다, 돕다. 攝生 양생과 같다. 甲兵 갑옷 입은 병사. 적병으로 풀이해 둔다.

道生之 德畜之. 物形之 勢成之.
도 생 지 덕 훅 지 물 형 지 세 성 지

是以萬物莫不尊道而貴德. 道之尊 德之貴.
시 이 만 물 막 부 존 도 이 귀 덕 도 지 존 덕 지 귀

夫莫之命而常自然. 故道生之 德畜之.
부 막 지 명 이 상 자 연 고 도 생 지 덕 축 지

長之育之 亭之毒之 養之覆之.
장 지 육 지 정 지 독 지 양 지 복 지

生而不有 爲而不寺 長而不宰 是謂玄德.
생 이 불 유 위 이 불 사 장 이 부 재 시 위 현 덕

〈구괘〉도는 개를 낳은 것과 같으니 인덕으로 개의 유순한 품성을
잘 길러야 한다. 개와 같은 동물의 품성은 인덕으로 형성되며, (유순
한) 기세도 인덕으로 형성된다. 마찬가지로 인간이 기르는 만물은
〈구괘〉도를 준수하지 않을 수 없으니 인덕으로 귀해진다. 〈구괘〉
도가 준수되면 인덕으로 만물을 귀하게 한다. 대장부의 지모로 나아
갈 사명이며 상용할 자연법칙과 같다.

이러한 까닭에 〈구괘〉도는 개를 낳은 것과 같으니 인덕으로 개의
유순한 품성을 잘 길러야 한다고 말한 것이다. 인덕의 주인은 개를
성장시키고 개를 잘 육성한다. 인덕이 없는 주인은 개를 주막에 팽
개치거나 개를 난폭하게 한다. 개를 양육하다가도 개를 차서 엎기도
한다.

낳아 주었다고 해서 점유하지 않으며, 위해 주었다고 해서 가지려 하지 않으며, 성장시켜 주었다고 해서 마음대로 처분하지 않아야 하니 이러한 양육이야말로 현묘한 덕이라고 일컬을 수 있다.

❀ 풀이

〈구괘(姤卦䷫)〉는 하늘을 상징하는 〈건괘(乾卦☰)〉와 바람을 상징하는 〈손괘(巽卦☴)〉의 조합이다. 별칭은 〈구괘(狗卦)〉로, 인덕으로 기르면 개는 주인을 잘 따르지만 잘못 키우면 주인을 물게 될 것이므로 강한 힘과 중용의 덕을 갖춘 대장부가 잘 감싸 안아야 한다는 교훈을 일깨워 준다.

之 〈구괘〉. 畜 축으로 읽는다. 기르다, 양육하다. 形 형상을 이루다. 物 동물. 夫 대장부. 莫 모(謀)와 같다. 지모. 寺 지(持)의 옛 자. 長之育之 원래 주인의 덕으로 기르는 일. 긍정으로 쓰였다. 亭 역참, 정자, 주막. 毒 해치다, 난폭하다. 養之覆之 부정으로 쓰였다. 覆 차서 엎다. 宰 재살(宰殺). 마음대로 처분하다.

맹상군과 같은 대장부는 인덕으로 문객을 잘 돌보았지만, 대장부인 체하는 자는 야욕을 위해 문객을 맞이하며, 쓸모없으면 냉정하게 쫓아 버린다. 앙심을 품은 문객은 도리어 주인을 전복시킬 수도 있으므로 〈구괘〉의 함의는 항상 불변의 인덕을 강조한다.

天下有始 以爲天下母.
천 하 유 시 이 위 천 하 모

旣得其母 以知其子.
기 득 기 모 이 지 기 자

旣知其子 復守其母 没身不殆.
기 지 기 자 복 수 기 모 몰 신 불 태

塞其兌 閉其門 終身不勤.
색 기 열 폐 기 문 종 신 불 근

開其兌 濟其事 終身不救.
개 기 열 제 기 사 종 신 불 구

見小曰明 守柔曰强.
견 소 왈 명 수 유 왈 강

用其光 復歸其明.
용 기 광 복 귀 기 명

無遺身殃 是謂襲常.
무 유 신 앙 시 위 습 상

천하의 (주나라는 종묘의 제사를) 유지하면서부터 시작되었으며, 이로
써 천하 백성을 위한 모체로 여겨진다. 이미 그 모체를 얻었으며, 이
로써 그 적자를 알 수 있다. 이미 (적자 상속법이 제정되어) 그 적자를 알
수 있는 이상, 반복하여 그 모체를 수호해야 하며 나머지 자식은 자
신을 드러내지 않아야 위험에 빠지지 않을 것이다.

(왕위를 계승할 수 없는 공자들은) 적자를 넘본 희열을 막고 (모의하러 오는 문객의) 문을 폐쇄하며, 평생토록 (왕위 계승의 희망에) 자신은 근면하지 않아야 한다. 적자를 넘보는 희열의 방법을 개시하여 그 사업을 성취하려 하면, 평생토록 자신은 구제될 수 없을 것이다.

〔또한 왕위를 계승한다고 해서 올바로 다스리지 않으면 상속은 계속될 수 없다. 은나라 주왕이 상아로 젓가락을 만들자, 현인 기자(箕子)는 두려워하면서 다음과 같이 말했다.

"상아 젓가락은 보통의 그릇에 사용할 수 없고, 반드시 코뿔소의 뿔이나 옥으로 만든 술잔과 함께 사용해야 할 것이다. 상아 젓가락과 옥 술잔을 사용하려면 물소나 표범의 태 등을 사용한 진귀한 음식이 있어야 할 것이다. 신분이 낮은 사람이 초라한 옷을 입고, 억새로 이은 지붕 아래 살면서 먹을 수 있는 음식이 아니다. 화려한 의복에 겉옷을 걸치고, 넓은 궁전과 높은 누대가 필요할 것이다. 백성의 고통 없이 이루어질 일이 아니니, 나는 이러한 상황이 닥칠 시작이 두렵다."

기자의 걱정대로 5년이 지나자 주왕은 고기를 걸어 둘 넓은 장소를 만들고, 고기를 구울 동 그릇을 만들었다. 술지게미는 작은 산을 이루었고 술 연못을 내려다보며 향락에 빠졌다. 주왕은 결국 망했으니 기자는 상아로 만든 젓가락을 보고 천하의 재앙을 예견했던 것이다〕.

이와 같은 미소한 조짐에서 미래를 보아내는 능력을 '밝은 관찰(明察)'이라 한다.

〔때로는 적자인데도 왕위를 계승할 수 없는 상황을 맞이하여, 타국을 전전하는 수도 있다. 진(晉)나라 문공인 중이(重耳)는 헌공의 적자였는데도, 공자 시절 19년 동안이나 타국을 유랑하며 자신을 낮추었다〕.

이처럼 외부로 유약함을 고수하며 자신의 힘을 축적하는 일을 자강(自强)이라 한다. (마침내 춘추오패의 일원으로) 자신의 위광을 사용할 수 있었으니, 자신의 인내와 밝은 관찰로써 복귀한 것이다.

(적자는 나라를 혼란스럽게 하는) 재앙을 남기지 않도록 힘써야 하니, 이야말로 '답습의 항상 불변(襲常)'이라 일컬을 수 있다.

❀ 풀이

〈췌괘(萃卦䷬)〉는 연못을 상징하는 〈태괘(兌卦☱)〉와 땅을 상징하는 〈곤괘(坤卦☷)〉의 조합이다. 췌(萃)는 풀이 무성하게 자라나는 모습을 나타낸다. 인심을 모으는 방법으로 종묘를 건립하고 정성으로 제사 지내야 한다는 교훈을 일깨워 준다.

兌 열로 읽는다. 희열. 〈태괘(兌卦)〉의 태와 통한다. 태(兌)는 팔(八)과 구(口)와 아(兒)의 결합이다. 八은 나누어 연다는 분개(分開)의 뜻과 같다. 아이가 철모르고 웃는 것처럼 입이 벌어진 모양으로 기쁘다는 의미가 파생했다. 적자 이외에는 왕위를 넘보지 않아야 웃을 수 있다는 엄중한 경고를 나타낸다.

勤 근면. 근심으로 풀이하면 더 잘 통하지만 우선한 자의대로 풀이해 둔다. 濟 구제하다, 돕다, 성취하다. 襲 답습하다, 계승하다.

〔또한 왕위를~복귀한 것이다〕는 이해를 돕기 위해 『한비자(韓非子)·유로(喻老)』 부분을 보충했다.

使我介然有知. 行於大道 唯施是畏. 大道其夷 而民好徑.
사 아 개 연 유 지   행 어 대 도   유 시 시 외   대 도 기 이   이 민 호 경

朝甚除 田甚蕪 倉甚虛. 服文綵 帶利劍 厭飮食 資財有餘.
조 심 제   전 심 무   창 심 허   복 문 채   대 리 검   염 음 식   자 재 유 여

是謂盜夸 非道也哉.
시 위 도 과   비 도 야 재

　(수레에 오른다는 〈승괘〉의 의미는) 내가 꺼림칙하게 소유할 지혜라고
일깨워 준다. (귀인의 수레) 행차는 대로에서 이루어지며 (백성이) '예~
예!' 하도록 시행(施行)하는 행차는 두려움이다. 큰길의 행차는 바로
백성에게 상처 주는 일이므로 백성은 (피해 갈 수 있는) 샛길을 좋아하
게 마련이다.

　조정이 백성의 이익을 극심하게 배제할수록 전답은 극심하게 황
폐해지고 백성의 창고는 극심하게 비어갈 뿐이다.

　조정 관리들의 복장은 채색 비단을 더하고, 혁대에는 예리한 보검
을 더하고, 산해진미를 물리도록 먹고 마시며 그들의 창고에는 재물
이 넘쳐난다. 이를 '도둑놈의 과시'라고 일컬을 수 있으니, 대로의 행
차는 비난받아 (결국은 망하게 될 것이로다).

❀ 풀이

〈승괘(升卦䷭)〉는 땅을 상징하는 〈곤괘(坤卦☷)〉와 바람을 상징하는 〈손괘(巽卦☴)〉의 조합이다. 승(升)은 태양의 상승에 연유하여 수레에 오른다는 뜻을 함축한다. 호화로운 수레를 탈 수 있는 사람은 통치자를 비롯하여 권력자나 고귀한 신분을 가진 사람이며, 이러한 사람들이 탐욕스러워지면 나라는 혼란스러워진다는 교훈을 일깨워 준다.

介然 개연성(蓋然性)과 같다. 꺼림칙하다. 大道 자의 그대로 쓰였다. 왕공의 수레가 행차하는 대로. 畏 두렵다. 其 강조의 뜻으로 쓰였다. 바로 그러한 일. 徑 경(逕)과 같다. 좁은 길, 샛길.

甚~甚 심하게 ~할수록. 除 배제하다. 조정의 섬돌로 보아도 잘 통한다. 文 장식하다, 빛나다. 綵 채색 비단. 厭 싫어하다, 물리다, 만족하다. 지나친 만족은 물리는 일과 같다. 資財 물자와 재물.

非道也哉 도를 등진 일이다. 결국은 쫓겨나 대로를 행차하지 못하게 될 것이다. 夷 〈명이괘(明夷卦)〉의 이(夷)로 상(傷)과 같다. 상처 입다, 상처 주다. 盜夸 도과(道夸)로도 쓴다. 이때에는 '대로의 과시'로 풀이된다.

善建者不拔. 善抱者不脫. 子孫以祭祀不輟.
선 건 자 불 발   선 포 자 불 탈   자 손 이 제 사 불 철

修之於身 其德乃眞. 修之於家 其德乃餘.
수 지 어 신 기 덕 내 진   수 지 어 가 기 덕 내 여

修之於鄕 其德乃長. 修之於邦 其德乃豊.
수 지 어 향 기 덕 내 장   수 지 어 방 기 덕 내 풍

修之於天下 其德乃普.
수 지 어 천 하 기 덕 내 보

故以身觀身 以家觀家 以鄕觀鄕 以邦觀邦 以天下觀天下.
고 이 신 관 신   이 가 관 가   이 향 관 향   이 방 관 방   이 천 하 관 천 하

吾何以知天下然哉. 以此.
오 하 이 지 천 하 연 재   이 차

　(견인불발을 강조하는 〈곤괘〉의 도를 깨달아) 최선으로 건설한 자의 (집이
라면 몇 대가 지나도) 기울어지지 않을 것이다. 최선으로 울타리를 둘러
친 자라면 (양이나 말이 이탈할 수 없을 것이다). 자손은 이로써 번창해지
며 제사는 끊이지 않을 것이다.

　〈곤괘〉의 도를 깨달은 최선의 수습이 자신에게 있으면 그러한 덕
은 참된 열매일 것이다. 최선의 수습이 가정에 있으면 그러한 득은
여유를 가져다줄 것이다. 최선의 수습이 향리에 있으면 그러한 덕은
향리를 성장시킬 것이다. 최선의 수습이 제후국에 있으면 그러한 덕
은 제후국을 풍요하게 할 것이다. 최선의 수습이 천하에 있으면 그

러한 덕이야말로 천하에 두루 미치게 될 것이다.

이러한 까닭에 (견인불발의) 수신으로 자신을 관찰할 수 있고, 제가(齊家)로써 가정을 살필 수 있고, 치국으로 나라를 살필 수 있고, 수습한 천하로 천하를 살필 수 있다.

내가 어찌 천하에서의 일이 그러한지를 안다고 말하는가! 바로 이 다섯 가지 관찰로써 아는 것이다.

⑧ 풀이

〈곤괘(困卦☵)〉는 연못을 상징하는 〈태괘(兌卦☱)〉와 물을 상징하는 〈감괘(坎卦☵)〉의 조합이다. 곤(困)은 목(木)이 □에 갇힌 모습으로 곤궁함의 상징이다. 견인불발(堅忍不拔)의 정신을 일깨워 준다.

拔 뽑히다, 기울다. 견인불발(堅忍不拔)과 같다. 아무리 어려운 상황을 맞이해도 흔들리지 않는 마음. 곤괘(困卦)와 통한다. 곤괘는 곤궁한 상황을 극복하는 방도를 알려주는 괘이다. 輟 그치다. 修 앞에 善이 생략된 것으로 풀이해 둔다. 德 득(得)과 같다. 이득으로 풀이해도 잘 통하지만, 자의대로 풀이해 둔다. 普 널리 퍼지다, 광대하다.

含德之厚 比於赤子.
함 덕 지 후 비 어 적 자

蜂蠆虺蛇不螫 猛獸不據 攫鳥不搏. 骨弱筋柔而握固.
봉 채 훼 사 불 석 맹 수 불 거 확 조 불 박 골 약 근 유 이 악 고

未知牝牡之合而全作 精之至也.
미 지 빈 모 지 합 이 전 작 정 지 지 야

終日號而不嗄 和之至也.
종 일 호 이 불 사 화 지 지 야

知和曰常 知常曰明. 益生曰祥 心使氣曰强.
지 화 왈 상 지 상 왈 명 익 생 왈 상 심 사 기 왈 강

物藏則老 謂之不道 不道早已.
물 장 즉 로 위 지 부 도 부 도 조 이

(생명수와 같은) 덕을 품어 백성을 순후하게 하는 자는 어린 자식을 (돌보는 부모에 비유할 수 있다). 독충은 쏠 수 없으며, 맹수도 침거(侵據)할 수 없고, 맹금도 박살(搏殺)할 수 없다. 골격은 취약하고 근육은 부드러워 (좋은 먹잇감이지만 부모의 보호는) 악착스럽고도 견고하기 때문이다.

암수가 교합의 기쁨을 아직 모르듯이 (생명수와 같은 덕을 몰라주더라도) 오로지 덕으로 진작시켜야만 백성의 정기는 지극해진다. (아이가 부모를 찾아) 종일 부르짖어도 목이 쉬지 않듯이 (〈정괘〉의 덕을 상용하면 암수) 화합의 지극함과 같을 것이다.

화합의 덕을 지각해야 '상용할 〈정괘〉'라고 말할 수 있고, 상용할 〈정괘〉를 지각해야 '밝은 덕'이라 할 수 있다.

생명을 증익해 주므로 '상서로운 덕'이라 말하며, 백성을 돌보는 마음은 〈정괘〉 기운을 사용해야 '강해진다'고 말한다.

사물이 (유약할 때부터) 손상당하면 쉽게 노쇠해지므로 〈정괘〉의 도라고 일컬을 수 없으며, 〈정괘〉의 도가 아니라면 빨리 사라질 뿐이다.

✿ 풀이

〈정괘(井卦䷯)〉는 물을 상징하는 〈감괘(坎卦☵)〉와 바람을 상징하는 〈손괘(巽卦☴)〉의 조합이다. 정(井)은 우물로 생명의 원천이다. 통치자는 우물과 같은 덕을 베풀어 백성을 보호해야 한다는 교훈을 일깨워 준다.

德 득(得)과 같다. 이득. 생명을 얻거나 유지한다는 뜻이다. 厚 깊다. 螫 벌레가 쏘다, 독. 搏 치다, 쥐다. 攫 움키어 잡다. 攫鳥 맹금. 搏 빼앗다. 握 쥐다, 잡다. 固 굳다. 號 부르짖다. 嗄 목이 쉬다, 목메다. 物 생명수인 〈정괘〉의 덕을 받지 못한 사물.

壯 장(藏)으로 된 판본을 긍정할 수 있으나 자의대로 풀이해 둔다. 견고하다, 단단하다. 부정의 뜻으로 쓰였다. 〈정괘〉 효(爻) 중에서 우물을 덮는 막. 무도한 통치자를 비유한다. 장(戕)과 같다. 손상당하다. 〈구괘(姤卦)〉에서 억센 여자를 아내로 취하지 말라는 뜻과 같다.

知者不言. 言者不知.
지 자 불 언   언 자 부 지

塞其兌 閉其門 挫其銳 解其紛 和其光 同其塵.
색 기 열 폐 기 문 좌 기 예 해 기 분 화 기 광 동 기 진

是謂玄同. 故不可得而親. 不可得而疏. 不可得而利.
시 위 현 동   고 불 가 득 이 친   불 가 득 이 소   불 가 득 이 리

不可得而害. 不可得而貴. 不可得而賤. 故爲天下貴.
불 가 득 이 해   불 가 득 이 귀   불 가 득 이 천   고 위 천 하 귀

(혁명의 때를) 아는 사람은 감히 말하지 않는다. (경솔하게 혁명의 때를) 말하는 사람은 때를 알지 못하는 사람이다. (〈혁괘〉 뜻에 따른 혁명은 사악한 통치자의) 희열을 막고, 횡포를 부리는 권문을 폐쇄한다.

적의 예리한 창끝을 좌절시키고, 분란을 해소한다. 어둠의 세력을 물리치는 빛으로 화합시키며, 먼지와 같은 (쓸데없는 법령을) 합쳐 버린다. 이러한 (혁명이야말로 백성의 요구에 알맞은) 현묘한 동화라고 할 수 있다.

이러한 까닭에 (혁명의 때를 놓치면 권문세가끼리만) 친하게 된다. (혁명의 때를 놓치면 백성을 위할 길은) 소홀해진다. (혁명의 때를 놓치면 권문세가만) 유리해진다. (혁명의 때를 놓치면 백성만) 손해를 당한다. (혁명의 때를 놓치면) 권문세가만이 부귀해진다. (혁명의 때를 놓치면) 백성만 비천해진다.

이러한 까닭에 (〈혁괘〉 도로 혁명한 성왕만이) 천하의 백성을 위하므로

자신도 부귀해지는 것이다.

❀ 풀이

〈혁괘(革卦☰)〉는 연못을 상징하는 〈태괘(兌卦☱)〉와 불을 상징하는 〈이괘(離卦☲)〉의 조합이다. 혁(革)은 개혁, 혁명을 뜻한다. 혁괘의 의미로 구체제의 개혁이나, 새로운 왕조의 수립에는 때가 있으며, 신중해야 한다는 교훈을 일깨워 준다.

塞 막다. 兌 열로 읽는다. 희열. 〈태괘(兌卦)〉의 희열과 같다. 閉 닫다. 門 권문세가. 不可得 혁명의 때를 놓치다.

以正治國 以奇用兵 以無事取天下.
이 정 치 국   이 기 용 병   이 무 사 취 천 하

吾何以知其然哉. 以此. 天下多忌諱而民彌貧.
오 하 이 지 기 연 재   이 차   천 하 다 기 휘 이 민 미 빈

民多利器 國家滋昏. 人多伎巧 奇物滋起.
민 다 이 기   국 가 자 혼   인 다 기 교   기 물 자 기

法令滋彰 盜賊多有. 故聖人云. 我無爲而民自化.
법 령 자 창   도 적 다 유   고 성 인 운   아 무 위 이 민 자 화

我好靜而民自正. 我無事而民自富. 我無欲而民自樸.
아 호 정 이 민 자 정   아 무 사 이 민 자 부   아 무 욕 이 민 자 박

(솥을 바르게 세우는 〈정괘〉의 뜻에 따른) 정도로써 치국해야 하니 기괴한 방법으로 백성을 병기로 이용한다면 무사하게 천하를 취할 수 있겠는가! 내가 어찌 그러한 사실을 알 수 있겠는가! 〈정괘〉의 깨우침으로 아는 것이다.

지금 천하의 통치자 대다수가 이러한 도를 꺼리므로 백성은 (밥을 짓지 못할 정도로) 더욱 가난해져만 간다. 백성의 대다수가 병기로 이용되니, 국가는 점점 혼돈해진다.

(이에 솥발을 부러트리려는) 악인은 대부분 교묘한 술수를 재주로 삼으므로, (도척처럼 사람 같지 않은) 기괴한 물건들이 점점 흥기한다. (노역과 무거운 세금에 대한) 법령이 불어나고 뚜렷해질수록 나라는 강도와 도적의 대다수가 점유하게 될 것이다.

이러한 까닭에 성인 문왕은 〈정괘〉의 뜻을 다음과 같이 설명했다. "내가 솥발처럼 무위해야 백성이 절로 교화될 것이다. 내가 좋은 솥발처럼 안정해야만 백성을 올바르게 다스릴 수 있을 것이다. 내가 전쟁의 사업을 벌이지 않아야만 백성이 생업에 종사하여 절로 부유해질 것이다. 내가 무욕할수록 백성은 절로 나무껍질처럼 (나를 감싸줄 것이다)."

❈ 풀이

〈정괘(鼎卦☲☴)〉는 불을 상징하는 〈이괘(離卦☲)〉와 바람을 상징하는 〈손괘(巽卦☴)〉의 조합이다. 正 정(貞)과 같으며, 〈정괘〉를 상징한다. 통치자에 대해 말하자면 정권의 중요한 기물을 상징하고, 가정에서는 취사의 근본 도구이므로 집을 바르게 다스리는 상징으로 여긴다. 통치자는 통치자의 위치에서 올바른 도를 다하고, 신하는 신하의 도를 다해야 한다는 것이 점괘의 본의이다.

以正治國~以無事取天下 〈정괘〉의 올바른 뜻으로 치국하고, 기묘한 계책으로 용병해야 무사히 천하를 취할 수 있다고 풀이하면 아랫부분과 어긋난다. 또한 정도로서의 치국과 기묘한 계책 역시 모순이며, 아랫부분의 奇物과도 모순이다. 奇物 사람 같지 않은 물건. 경멸의 뜻으로 쓰였다. 樸 나무껍질(木皮)로 풀이한 『설문해자(說文解字)』의 뜻으로 풀이해 둔다. 도척(盜跖) 춘추시대(春秋時代)의 큰 도둑.

제58장 順化(순화) | 순리로써 교화하는 『주역』 도

其政悶悶 其民淳淳? 其政察察 其民缺缺?
기 정 민 민 기 민 순 순   기 정 찰 찰 기 민 결 결

禍兮 福之所倚. 福兮 禍之所伏.
화 혜 복 지 소 의   복 혜 화 지 소 복

孰知其極 其無正也. 正復爲奇 善復爲妖. 人之迷也 其日固久.
숙 지 기 극 기 무 정 야   정 부 위 기 선 부 위 요   인 지 미 야 기 일 고 구

是以聖人方而不割 廉而不劌 直而不肆 光而不耀.
시 이 성 인 방 이 불 할 염 이 불 귀 직 이 불 사 광 이 불 요

　(〈진괘〉의 올바른 도를 깨우치지 못한) 통치자의 정치는 혼미한데도, 그 백성이 순박할 수 있겠는가! (진괘의 올바른 도를 깨우친 통치자의) 정치가 명찰하고 명찰하면 그의 백성이 (사직단의) 제사 술잔을 깨트리겠는가!

　(〈진괘〉의 점괘로 유추하면, 우레는 때로 불의 재난으로 사람과 가축을 손상하는 화를 초래하지만, 봄 우레는 비를 흠뻑 내리게 하여 풍년을 기약할 수 있으므로 복의 조짐이다. 또한 재난을 만나면 절로 두려워지고 사심이 없어지며, 사물의 이치를 잘 살펴 일을 성공시킬 가능성이 크므로 복과 같다.

　반대로 부귀해지면 자연히 오만한 마음을 낳아 도에 어긋난 행동으로 이어져 망하기 쉽다. 마찬가지로 통치자가 권력을 전횡하면 통치자는 행복할지 모르지만, 백성은 고통받아 결국에는 나라가 망하는 결과를 초래한다. 명찰로써 국정을 살펴야 백성을 행복하게 할

수 있으니, 다음과 같이 말할 수 있다).

화여! 복의 도래가 기댈 만한 곳이로다.

복이여! 화의 근원이 잠복하는 곳이로다.

어떻게 (복이 화로 변하는 이치의) 궁극을 알 수 있는가? 올바르지 못한 정치의 결과로 아는 것이다.

올바른 정치는 욕심 때문에 다시 괴이해지고, 선정은 다시 요사해진다. (명찰하지 않으면) 백성은 미혹되어 (사욕의 정치는) 날이 갈수록 고착되고 영구해질 것이다.

그러므로 성인 문왕은 〈진괘〉의 방법으로 백성이 분할되지 않도록 했으며, 청렴함으로써 백성에게 상처 주지 않았다. 정직하게 다스리면서 방자하지 않았고, 백성만을 빛나게 하면서 자신은 빛나려 하지 않았다.

⊛ 풀이

〈진괘(震卦䷲)〉는 우레를 상징하는 〈진괘(震卦☳)〉의 중복 조합이다. 점괘는 다음과 같다.

'점을 쳐서 〈진괘〉를 얻으면, 순조롭게 일이 풀린다. 우레가 울리면 누구나 두려워하지만, 그치면 담소하며 안심한다. 우레가 사방 백 리를 놀라게 하지만 이미 그칠 기미이므로, 통치자는 삶은 고기를 건져 선조의 제사에 바치며, 신을 강림시키기 위한 울창(鬱鬯)주 그릇을 깨트리지 않도록 조심한다.'

통치자는 명찰과 항상심으로 백성을 다스려야 한다는 교훈을 일깨워 준다.

其政悶悶 其民淳淳? 其政察察 其民缺缺? 의문문으로 풀이해야 아랫부분과 일맥상통한다. 정치가 답답할수록 백성은 순박해지고, 정치가 명찰할수록 백성은 우매해진다고 풀이하면 아랫부분과 통하

지 않을뿐더러 말 자체가 성립하지 않는다.

悶 답답하다, 혼미하다. 만(懣)과 같다는 설문해자(說文解字)의 풀이로도 통한다. 분개하다. 缺 그릇이 깨어진다(器破也)는 『설문해자(說文解字)』의 풀이에 따른다. 劌 귀로 읽는다. 상처 주다.

治人事天 莫若嗇. 夫唯嗇 是以早 是以早服.
치 인 사 천 막 약 색　부 유 색 시 이 조 시 이 조 복

是謂重積德. 重積德則無不克.
시 위 중 적 덕　중 적 덕 즉 무 불 극

無不克則莫知其極 莫知其極 可以有國.
무 불 극 즉 막 지 기 극 막 지 기 극 가 이 유 국

有國之母 可以長久 是謂深根 固柢長生 久視之道也.
유 국 지 모 가 이 장 구 시 위 심 근 고 저 장 생 구 시 지 도 야

　백성을 다스리며 제사로써 천신을 섬기는 일 중에서, 곡식의 수확
보다 중요한 것은 없다. 대장부가 '예~ 예!' 하며 수확하니 이로써 먼
저 천신을 섬길 수 있고 이로써 먼저 백성을 복종시킬 수 있다. 이야
말로 거듭 덕을 축적하는 방법이다. 거듭 덕을 축적하면 극복 못 할
일이 없다.

　극복 못 할 일이 없는데도 (대부분은 〈간괘〉 도의) 궁극을 알지 못하
고 그 궁극을 알지 못하니 (〈간괘〉 도를 깨달은 대장부가 먼저) 나라를 소
유할 수 있는 것이다.

　나라를 소유할 수 있는 모태인 식량을 축적해야 장구할 수 있으니
이야말로 국가의 근본을 깊게 하는 일이며, 견고한 뿌리가 오래 생
존하듯이 영구히 백성을 시찰할 수 있는 〈간괘〉의 도이다.

❀ 풀이

〈간괘(艮卦☶)〉는 산을 상징하는 〈간괘(艮卦☶)〉의 중복 조합이다. 간(艮)은 근(根)과 같으며, 농작물의 견고한 뿌리를 상징한다. 간괘의 뜻에 연유하여 풍족한 식량 생산이 치국의 근원이라는 점을 일깨워 준다.

嗇 색(穡)과 같다. 곡식, 곡식을 거두다. 服 비(備)의 잘못이라는 주장은 긍정하지만, 자의대로 풀이해 둔다. 복역하다, 복종하다.

夫唯嗇 오직 수확하는 데 '힘쓴다'로 풀이해도 통한다. 莫知其極 可以有國 행간의 의미에 따라 보충하여 풀이해 둔다.

深根固柢 뿌리가 땅속 깊이 박히어 움직이지 않는다는 뜻으로 근본이 튼실함을 나타내지만, 深根과 固柢로 나누어 풀이해야 더 잘 통한다. 柢 뿌리, 근본.

제60장 居位(거위) | 〈점괘〉의 덕으로 점거한 지위

治大國 若烹小鮮. 以道莅天下 其鬼不神.
치 대 국 약 팽 소 선   이 도 리 천 하 기 귀 불 신

非其鬼不神 其神不傷人. 非其神不傷人 聖人亦不傷人.
비 기 귀 불 신 기 신 불 상 인   비 기 신 불 상 인 성 인 역 불 상 인

夫兩不相傷 故德交歸焉.
부 양 불 상 상 고 덕 교 귀 언

대국을 통치할 때는 작은 생선을 삶는 일처럼 임해야 한다. (작은
생선은 자꾸 뒤집으면 쉽게 부스러지듯이, 치국에는 미세한 일에도 세심하게 주의
를 기울여 점진적으로 성장하는 〈점괘〉의 덕으로 나아가야 한다).

〈점괘〉의 덕으로 천하에 임해야 하는데 악귀와 (같은 통치자들은)
그러한 정신이 없다. 악귀를 비난해도 그러한 정신을 가지지 않으
니, 〈점괘〉의 정신만이 사람을 다치게 하지 않을 것이다.

(〈점괘〉의 덕은 발전이 느려) 그러한 정신을 비난하지만, 사람을 해치
게 하지 않으니, 성인 문왕 역시 〈점괘〉의 덕으로 사람을 해치지 않
은 것이다.

대장부의 기상과 같은 (나무와 산) 둘 다 서로를 해치지 않으므로
〈점괘〉의 덕은 교유하듯 백성이 귀의할 수 있는 것이다.

❸ 풀이

〈점괘(漸卦☶)〉는 나무를 상징하는 〈손괘(巽卦☴)〉와 산을 상징하는 〈간괘(艮卦☶)〉의 조합이다. 점(漸)은 산 위의 나무가 점점 자라는 상 징으로 점진(漸進)과 같다. 이러한 뜻에 연유하여 점진적인 국가발전 의 근본 방법을 일깨워 준다.

治大國 제61장과 관련지으면 강대국이 약소국을 다스리는 행위 로 여기는 설은 긍정하지만, 자의대로 풀이해 둔다. 蒞 도래하다, 임 하다. '수립하다'는 입(立)의 주장을 더욱 긍정하지만, 자의대로 풀이 해 둔다.

大國者 下流也. 天下之牝 天下之郊也.
대 국 자 하 류 야   천 하 지 빈 천 하 지 교 야

牝常以靚勝牡 爲其靚也 故宜爲下.
빈 상 이 정 승 모 위 기 정 야 고 의 위 하

故大國以下小國則取小國. 小國以下大國則取大國.
고 대 국 이 하 소 국 즉 취 소 국   소 국 이 하 대 국 즉 취 대 국

故或下以取 或下而取. 大國不過欲兼畜人 小國不過欲入事人.
고 역 하 이 취 역 하 이 취   대 국 불 과 욕 겸 축 인 소 국 불 과 욕 입 사 인

夫兩者各得所欲 故大者宜爲下.
부 양 자 각 득 소 욕 고 대 자 의 위 하

　강대국의 (공주 신세는 신하의) 유배 신세와 같다. 천하의 암컷으로 (상징되는 공주는) 천하의 교외를 (지키는 역할을 한다. 강대국의 통치자가 자신의 위신이나 권력 강화를 위해 신하를 유배시키듯, 약소국의 통치자에게 공주를 시집보내는 일은 상용 수단이다).

　여성은 항상 얌전하게 단장함으로써 남성을 이길 수 있으나 얌전하게 단장해야 하는 (여성의 지위 때문에) 마땅히 신하의 위치가 되는 것이다.

　이와 마찬가지로 강대국은 (정략혼인을 통해) 약소국을 신하로 삼은 즉 약소국의 (가축과 인력을) 취한 것과 같다. 약소국 통치자는 정략결혼으로 강대국의 신하가 된즉 강대국의 (무력을) 취한 것과 같다. 이러한 방법으로 약소국은 신하의 신분으로 공주를 취함으로써 신하

의 신분으로 강대국의 무력을 취한 것이다.

(정략결혼을 상징하는 〈귀매괘〉의 원리로써) 강대국은 과욕을 부리지 않고도 약소국의 가축과 인력을 겸병할 수 있고, 약소국은 과욕을 부리지 않고도 군사와 인력을 수입한 셈이다. 〈귀매괘〉의 원리로써 대장부 둘 다 각각 원하는 바를 얻을 수 있으니, 강대국의 공주는 마땅히 약소국의 신하이어야 한다.

⊗ 풀이

〈귀매괘(歸妹卦☳☱)〉는 우레를 상징하는 〈진괘(震卦☳)〉와 연못을 상징하는 〈태괘(兌卦☱)〉의 조합이다. 귀매(歸妹)는 누이동생을 시집보낸다는 뜻이지만, 점을 쳐서 〈귀매괘〉를 얻으면 반드시 좋은 일만은 아니다. 연못으로 상징되는 어린 여자가 우레와 같은 남자에게 이끌려 혼인의 절차도 없이 몸을 허락하는 상황이기 때문이다. 이러한 점괘에 연유하여 정략결혼으로 서로의 이익을 꾀하는 방법을 일깨워 준다.

謙 겸허하다. 과욕을 부리지 않는다는 뜻으로 쓰였다. 牝 여성, 암컷, 골짜기. 여성의 생식기에 비유하여 골짜기라 한 것이다. 〈귀매괘(歸妹卦)〉를 상징한다. 牡 수컷, 남성. 下 여인의 위치를 뜻하며 〈귀매괘〉에서 여인은 신하의 위치에 처한다. 勝 이기다. 靚 단장하다, 성품이 얌전하고 조용하다. 或 역으로 읽는다. 나라. 어떤 지방의 약소국을 뜻한다.

道者 萬物之奧. 善人之寶 不善人之所保.
도 자 만 물 지 오 선 인 지 보 불 선 인 지 소 보

美言可以市 尊行可以加人. 人之不善 何棄之有.
미 언 가 이 시 존 행 가 이 가 인 인 지 불 선 하 기 지 유

故立天子 置三公 雖有拱璧以先駟馬 不如坐進此道.
고 립 천 자 치 삼 공 수 유 공 벽 이 선 사 마 불 여 좌 진 차 도

'古之所以貴 此道者何.'
고 지 소 이 귀 차 도 자 하

不曰. 求以得 有罪以免邪 故爲天下貴.
불 왈 구 이 득 유 죄 이 면 야 고 위 천 하 귀

　　(〈풍괘〉의 만사형통) 도는 만물이 의지하는 오묘한 언덕과 같다. 잘 깨달은 사람의 보물창고이며, 깨닫지 못한 사람도 보존하는 바가 있다. (만사형통이라고) 찬미한 말은 시장에 (집적된 재화의 교역과 같다고) 할 수 있으니, 만사형통의 도를 받들어 행동해야 사람을 따르게 할 수 있다. (사욕을 앞세운) 사람 역시 〈풍괘〉의 도를 깨닫지 못했지만, 어찌 (성대한 재물과 고귀한 직위의) 점유를 포기하겠는가!

　　이러한 까닭에 (사욕으로) 천자를 수립하거나 삼공(三公)에 위치하여 비록 크나큰 옥을 소유하고 수레를 앞세울지라도, 좌절하여 〈풍괘〉의 도로 나아가는 것보다 못하다.

　　(묻겠다). 옛날에 (〈풍괘〉의 도로 나아가) 귀하게 되었다면, 지금 이 도로 나아간 자는 어찌 되었는가! (사욕을 앞세운 자가 무도하게 천자를 수립

하고 삼공(三公)의 직위에서 옥을 소유하고 수레를 앞세우고 있지 않은가)!

(반드시 그러하다고) 말할 수는 없다. 사욕을 추구해서 획득했지만, 죄를 지었는데 어찌 면할 수 있겠는가!

(〈풍괘〉의 점괘에서 해가 중천에 이르면 기울어지고 달도 차면 기운다고 했듯이 근본 이치에 어긋나면 결국은 벌을 받게 될 것이다).

이러한 까닭에 천하를 위한 (만사형통의 추구여야 진정으로) 귀해진다.

❀ 풀이

〈풍괘(豐卦䷶)〉는 우레를 상징하는 〈진괘(震卦☳)〉와 불을 상징하는 〈이괘(離卦☲)〉의 조합이다. 풍(豐)은 크고 성대하다는 뜻으로, 이 점괘를 얻으면 만사형통할 수 있다고 해석된다.

古之~此道者何는 不曰의 질문으로 풀이해 둔다. 市 시장에 모든 재화가 집중되듯이 〈풍괘〉의 도를 상징한다. 奧 깊다, 깊숙한 구석. 『설문해자(說文解字)』의 동산 언덕(宛也) 풀이에 따른다. 善人 〈풍괘〉의 도를 통달한 사람. 성인에 버금가는 통치자. 保 사욕을 채우는 보존으로 풀이해 둔다.

拱璧 큰 옥, 진기한 보물. 駟馬 수레를 이끄는 네 필의 말. 수레를 상징한다. 不如 불선(不善)의 잘못된 전사라는 주장은 긍정하지만, 자의대로 풀이해 둔다. 坐 좌절과 같다. 무릎을 꿇다.

爲無爲 事無事 味未味.
위 무 위 사 무 사 미 미 미

大小 多少 報怨以德.
대 소 다 소 보 원 이 덕

圖難於其易 爲大於其細.
도 난 어 기 이 위 대 어 기 세

天下難事 必作於易 天下大事 必作於細.
천 하 난 사 필 작 어 이 천 하 대 사 필 작 어 세

是以聖人 終不爲大 故能成其大.
시 이 성 인 종 불 위 대 고 능 성 기 대

夫輕諾必寡信 多易必多難.
부 경 락 필 과 신 다 이 필 다 난

是以聖人猶難之 故終無難矣.
시 이 성 인 유 난 지 고 종 무 난 의

　(험난한 여정의 문객이 통치자를) 위하려 해도 위할 방법이 없다. 사업을 (도모하려 해도) 사업을 진행할 방법이 없다. 구미가 (당기는 일이지만) 구미를 당기게 할 방법이 없다. (맹상군을 예로 들면, 3천 명의 문객 중에서 주목받는 인물은 몇이었겠는가! 〈여괘〉는 이러한 경우에 나아갈 바를 제시하니) 대계는 소계로 시작해야 하고, 많은 욕심은 작은 욕심으로 이루어야 하며, 원망으로 갚을 일도 덕으로 갚아야 한다.

　어려운 일은 손쉬운 일부터 도모하고, 위대한 계획은 세밀한 계획

으로 이루어야 한다.

〔천 길 제방도 땅강아지나 개미구멍으로부터 무너지고, 백 척 높이의 누대도 굴뚝 틈새로 날아든 작은 불씨로 인해 타 버린다. 우임금보다 물길을 잘 다스린다고 자랑했던 백규(白圭)도 제방을 둘러본 뒤 작은 구멍부터 막았고, 어느 노인이 불을 다스릴 때는 틈새에도 흙을 발랐다. 이러한 까닭에 백규가 막은 제방은 수해가 없었고, 노인의 조심성에 화재는 일어날 수 없었다〕.

이처럼 천하의 어려운 일은 반드시 손쉬운 일부터 시작해야 하고, 천하의 대사 역시 세밀하게 살피는 일에서 시작해야 한다. 그러므로 성인 문왕도 시종 대계를 위하지 않았으니, 그러한 까닭에 능히 대계를 이룰 수 있었다.

〔명의 편작(扁鵲)이 제나라 환공(桓公)을 진찰했다. 잠시 서 있다가 편작이 말했다. "군주의 병은 피부의 땀구멍에 있습니다. 빨리 고치지 않으면 위험해질 것입니다." 환공은 웃으며 대답했다. "나는 이 정도의 병 따위는 신경 쓰지 않는다."

편작이 물러가자 환공이 말했다. "의사란 병이 없는데도 치료하여 자신의 공로로 삼기를 좋아한다." 10일이 지난 후 편작은 다시 환공을 진찰하고 말했다. "군주의 병은 피부 사이에 스며들어 있습니다. 서둘러 치료하지 않으면 더 위험해질 것입니다."

환공은 매우 기분이 나빠 대답조차 하지 않았다. 10일 정도 지나 다시 환공을 진찰하고 말했다. "군주의 병은 위장 근처까지 와 있습니다. 서둘러 치료하지 않으면 더 위험해질 것입니다."

편작이 물러가자 환공은 더욱 기분이 언짢았다. 또다시 10여 일이 지나서 편작을 불렀지만, 편작은 환공을 멀리서 살펴보자마자 뒤로 돌아 도망쳤다. 환공은 사람을 시켜 도망친 까닭을 물어보게 했다.

편작이 말했다. "병이 땀구멍에 있을 때는 뜨거운 약물을 스며들게만 하면 됩니다. 병이 피부 사이에 있을 때는 금침이나 돌 침을 사용하면 효과를 볼 수 있습니다. 위장에 있을 때는 약물 치료가 가능합니다. 그러나 골수까지 퍼지면 생사를 주관하는 신에게 맡기는 수밖에 없습니다. 지금 군주의 병은 골수까지 퍼졌으니, 저로서는 치료할 방법이 없습니다." 5일 후에 환공은 죽었다〕.

대장부라고 해서 승낙의 요청을 경시하면 반드시 상대방의 확신을 줄어들게 한다. 과다하게 안이하면 반드시 과다한 재난을 당하기 마련이다.

그러므로 성인 문왕은 지나친 안이함을 재난으로 여겼기 때문에 마침내 재난을 물리칠 수 있었다.

⊗ 풀이

〈여괘(旅卦☲☶)〉는 불을 상징하는 〈이괘(離卦☲)〉와 산을 상징하는 〈간괘(艮卦☶)〉의 조합이다. 여(旅)는 나그네, 여행을 뜻한다. 능력 있는 문객이 일을 도모해도 허무한 결과가 많고 가냘픈 명맥만 유지하는 고독을 상징한다. 이러한 형세에 대처하는 방법을 일깨워 준다.

恩始 〈여괘〉의 도에 근거하여 큰 혜택의 결과에 이르는 시작으로 풀이해 둔다. 천 길 제방도~없었다와 명의 편작~죽었다는 부분은 이해를 돕기 위해 『한비자(韓非子)·유로(喩老)』의 인용으로 보충해 둔다.

첫 부분 無爲는 자신을 위하지 않는다는 무위와 달리 풀이해 둔다. 報怨以德 제79장의 必有餘怨에 이어져야 한다는 주장은 긍정하지만, 자의대로 풀이해 둔다.

其安易持 其未兆易謨. 其脆易泮 其微易散.
기안이지 기미조이모 기취이반 기미이산

爲之於未有 治之於未亂. 合抱之木生於毫末.
위지어미유 치지어미란 합포지목생어호말

九層之臺起於累土. 千里之行始於足下.
구층지대기어누토 천리지행시어족하

(爲者敗之 執者失之 是以聖人無爲故無敗 無執故無失.
위자패지 집자실지 시이성인무위고무패 무집고무실

民之從事常於幾成而敗之.
민지종사상어기성이패지

愼終如始則無敗事 是以聖人欲不欲 不貴難得之貨.
신종여시즉무패사 시이성인욕불욕 불귀난득지화

學不學 復衆人之所過. 以輔萬物之自然而不敢爲).
학불학 복중인지소과 이보만물지자연이불감위

　（『주역』점괘의 도는) 안정되어 있어 쉽게 의지할 수 있으니, (점괘로 판단하면) 조짐이 나타나기 전에 쉽게 일을 도모할 수 있다.
　（점괘의 결과가) 취약하면 (취약한 대로) 쉽게 녹아들 수 있고, 점괘의 결과가 미미하면 미미한 대로 쉽게 이합집산할 수 있다. (점괘의 결과를 판단 근거로) 삼으면 유비무환(有備無患) 할 수 있고, 점괘의 결과로 다스리면 미리 혼란을 방지할 수 있다.
　마치 아름드리 거목이 털끝 같은 싹에서 생장한 (결과를 미리 보는 것과 같고) 9층의 누대가 누적된 흙 위에서 기초가 되었음을 보는 것과 같고, 천 리의 행군이 한 걸음에서 시작되었음을 (명약관화하게 아는 것과 같다).

(점괘의 도에 어긋나) 작위하는 자는 일의 도모에 실패할 것이며, 집착하여 안달하는 자는 실기(失機)할 것이니, 성인 문왕은 (점괘의 도를 믿고) 작위하지 않았기 때문에 실패하지 않았으며, 집착하지 않았기 때문에 (주나라 개창에) 실기하지 않은 것이다.

백성도 생업에 종사하면서 항상 불변의 믿음으로 (점괘의) 기미에 따르면 성공할 것이며, (작위하고 안달한다면) 실패할 것이다.

(항상심으로) 마지막도 초심처럼 신중해야 사업에 실패하지 않을 것이니, 성인 문왕도 욕심낼 만했으나 욕심내지 않았으며, 얻기 어려운 재화조차 귀하게 여기지 않았던 것이다.

(지금 이러한 성인의 행위는) 흉내조차 내려 하지 않고, 반복해서 집착하고 안달하는 통치자의 대다수는 과실을 저지르지만, 〈점괘〉의 도는 만물의 자연 이치로써 보좌하는 것과 같으므로 감히 작위할 수 없는 것이다.

❀ 풀이

兆가 풀이의 핵심이다. 『주역』점괘에서 나타나는 근본 징조. 持시(恃)와 같다. 의지하다, 믿다. 泮 판(判)으로 전사된 판본에 따르면 더욱 명확해진다. 散 흩트리다, 내치다. 之『주역』점괘의 결과. 合抱 양팔로 껴안다. 愼終如始 일의 마지막에도 처음처럼 신중을 다하다. 항상심과 같다. 學 흉내내다.

爲者敗之~而不敢爲는 제29장의 내용이 뒤섞인 것이라는 주장은 긍정하지만 그대로 풀이해 둔다.

古之善爲道者 非以明民 將以愚之. 民之難治 以其智多.
고 지 선 위 도 자 비 이 명 민 장 이 우 지 민 지 난 치 이 기 지 다

故以智治國 國之賊 不以智治國 國之福. 知此兩者亦稽式.
고 이 지 치 국 국 지 적 불 이 지 치 국 국 지 복 지 차 양 자 역 계 식

常知稽式 是謂玄德. 玄德深矣. 遠矣.
상 지 계 식 시 위 현 덕 현 덕 심 의 원 의

與物反矣. 然後乃至大順.
여 물 반 의 연 후 내 지 대 순

　　옛날의 선정에 (『주역』을 치국의) 도로 삼은 까닭은 백성 간의 이해관
계를 밝히기 위해서가 아니라 장차 백성을 순후한 품성으로 이끌기
위함이었다. 지금 백성을 통치하기 어려운 까닭은 『주역』도를 빙자
한 잔꾀만 파다해지기 때문이다.

　　이러한 까닭에 얕은 지혜로써 치국할수록 나라는 도적이 들끓게
될 것이니, 잔꾀로 치국하지 않아야 『주역』도는 나라의 축복이 될
것이다. 이러한 두 가지 경우를 깨닫는 일이야말로 자세하게 살펴야
할 법식이다. 항상심으로 『주역』도에 따른 법식을 깨달아야만, 현
묘한 덕을 베풀 수 있을 것이다.

　　『주역』도에 따른 현묘한 덕은 심원하도다. 심원하도다. (그런데도
사욕에 가득 찬 통치자의 잔꾀는) 물욕과 더불어 반대로 행동하는도다. (오
직 항상심으로 현묘한 덕을 베푼) 후에야 비로소 위대한 순천응인(順天應
人)에 이르게 될 것이다.

❀ 풀이

古之善은 후인이 덧붙였다는 주장을 긍정하지만, 오히려 자의대로 잘 통한다. 善 선정으로 풀이해 둔다. 愚 순후하다. 이해관계를 밝히는 데는 '어리석다'로 풀이해도 통한다.

其智『주역』의 근본 도가 아닌 얕은 지혜, 얕은꾀, 술수, 잔꾀. 智는 부정으로 쓰였다. 稽 상고(詳考)하다, 상세하게 살피다. 해(楷)의 잘못된 전사라는 주장은 긍정하지만, 자의대로 풀이해도 통한다. 式 법식, 점치는 기구. 順 순천응인(順天應人)으로 풀이해 둔다. 하늘의 이치와 인심을 따르다.

江海之所以能 爲百谷王者 以其善下之 故能爲百谷王.
강 해 지 소 이 능 위 백 곡 왕 자 이 기 선 하 지 고 능 위 백 곡 왕

是以聖人欲上民 必以言下之. 欲先民 必以身後之.
시 이 성 인 욕 상 민 필 이 언 하 지 욕 선 민 필 이 신 후 지

是以聖人處上而民不重 處前而民不害.
시 이 성 인 처 상 이 민 부 중 처 전 이 민 불 해

是以天下樂推而不厭 以其不爭. 故天下莫能與之爭.
시 이 천 하 락 추 이 불 염 이 기 부 쟁 고 천 하 막 능 여 지 쟁

　(흩어진 것을 모은다는 〈환괘〉의 도처럼) 장강과 창해라는 장소는 이와 같은 능력의 (의미 부여로) 온갖 골짜기의 왕으로 여겨지듯이, 성인 문왕의 선정은 자신의 (공을 백성의) 아래에 둔 까닭에 그 능력은 온갖 골짜기의 왕처럼 된 것이다.

　이처럼 성인의 선정은 백성을 온갖 골짜기의 위치처럼 위에 두고자 했으며, 반드시 이러한 언행으로 자신을 장강이나 창해의 위치처럼 아래에 두었다. 어떠한 공이든 백성을 앞세웠으며 반드시 이러한 처신으로 그 자신의 공을 뒤로 돌렸다.

　그러므로 성인이 위에서 처신할수록 백성은 그 무게를 느낄 수 없었고, 눈앞에서 처신할수록 백성은 해를 당하지 않았다. 이로써 천하의 백성은 기뻐하며 추천할수록 성인의 선정에 싫증 날 수 없었으니, 이에 경쟁할 수 있는 자가 없어졌다.

　이러한 까닭에 지금 천하의 (백성은 어떠한 통치자의 능력도 사욕을 앞세

우므로 성인의 선정) 능력과는 경쟁할 수 없다고 여긴다.

❀ 풀이

〈환괘(渙卦䷺)〉는 바람을 상징하는 〈손괘(巽卦☴)〉와 물을 상징하는 〈감괘(坎卦☵)〉의 조합이다. 이산(離散)과 동시에 험난함을 극복하고 수습하는 방도를 일깨워 준다.

上下 위에 있으면서도 아래에 처하고 아래에 있으면서도 위에 처하는 〈환괘〉의 도와 같다. 之 성인의 위치를 나타낸다. 厭 싫어하다, 배불리 먹다. 배가 부르면 맛있는 음식도 싫증 내므로 긍정의 뜻과 같다. 而~而 ~할수록 ~하다. 莫 없다, ~말라.

(天下皆謂我道大 似不肖.
천 하 개 위 아 도 대 　사 불 초

夫唯大 故似不肖 若肖 久矣. 其細也 夫!)
부 유 대 　고 사 불 초 　약 초 　구 의 　기 세 야 　부

我有三寶 持而保之 一曰慈 二曰儉 三曰不敢爲天下先.
아 유 삼 보 　지 이 보 지 　일 왈 자 　이 왈 검 　삼 왈 불 감 위 천 하 선

慈故能勇 儉故能廣 不敢爲天下先故能成器長.
자 고 능 용 　검 고 능 광 　불 감 위 천 하 선 고 능 성 기 장

今舍慈且勇 舍儉且廣 舍後且先 死矣.
금 사 자 차 용 　사 검 차 광 　사 후 차 선 　사 의

夫慈 以戰則勝 以守則固. 天將救之 以慈衛之.
부 자 　이 전 즉 승 　이 수 즉 고 　천 장 구 지 　이 자 위 지

　천하에서는 모두 다 내가 (주장하는 『주역』의) 도가 위대하여 닮을 수 없는 것처럼 여긴다. 대장부도 '예~ 예!' 하며 위대하다고 여기면서도 닮을 수 없을 것 같다고 하지만, 닮을 수 있어야 장구할 것이다. 그 도에 세밀해야 하는도다. 대장부여!
　나는 『주역』도인 세 가지 보물을 소유하여 지속으로 보유해왔으니, 첫째는 자애, 둘째는 언어의 절제, 셋째는 감히 천하를 위해 앞장선다고 주장하지 않는 보물이다.
　(성인 문왕이 우선한 도는) 자애이므로 용감해질 수 있었고, (64괘만으로) 언어를 절제함으로써 광범위하게 유전(流傳)될 수 있었으며, 감히

천하를 위해 선도한다는 주장을 앞세우지 않았기 때문에, 대기만성으로 수장이 될 수 있었다.

(대장부가) 자애를 버리고 용맹만을 앞세우며, 절제를 버리고도 광범위한 지지를 바라며, 후순위의 처신을 버리고 공을 앞세우면 죽음을 자초하는 행위로다.

대장부는 (병사에게) 자애로워야 전쟁에서 승리할 수 있으며, 자애만이 지위를 견고하게 할 수 있을 것이다. 하늘은 장차 자애한 대장부를 구제할 것이며, 자애를 베푼 (대장부에게만 백성은 그를) 보위해 줄 것이다.

❀ 풀이

〈절괘(節卦☷)〉는 물을 상징하는 〈감괘(坎卦☵)〉와 연못을 상징하는 〈태괘(兌卦☱)〉의 조합이다. 절(節)은 대나무 마디로 이에 연유하여 절도, 절제 등의 의미로 쓰인다. 언어의 절제로 풀이하면 천하를 위해 앞장선다고 주장하지 않는 신조와도 상통한다.

첫 부분의 天下~其細也夫는 제34장의 착종(錯綜)이라는 주장은 긍정하지만 그대로 풀이해 둔다. 夫唯大 夫謂唯大와 같다.

我道 『주역』도. 大 위대하다. 태(太)로 풀이해도 통한다. 지나치다, 터무니없다. 肖 닮다. 其細也夫 '『주역』도의 미세함이란!'으로 풀이되지만, 아랫부분과 관련하여 夫를 대장부로 풀이해 둔다. 器 통치 능력의 기량. 成器의 조합으로 보아 대기만성(大器晚成)으로 풀이해 둔다. 長 수장.

善爲士者不武. 善戰者不怒. 善勝敵者不與. 善用人者爲之下.
선 위 사 자 불 무   선 전 자 불 노   선 승 적 자 불 여   선 용 인 자 위 지 하

是謂不爭之德. 是謂用人之力. 是謂配天 古之極.
시 위 부 쟁 지 덕   시 위 용 인 지 력   시 위 배 천   고 지 극

(신뢰를 상징하는 〈중부괘〉의 도를 깨달아) 최선으로 병사를 위하는 장군은 무력을 사용하지 않으려 한다. 최선으로 작전을 펼치는 장군은 적을 격노시키지 않으려 한다. 최선으로 적에게 승리하는 장군은 (병사들을 장기간 전쟁에) 참여시키지 않으려 한다.

최선으로 사람을 부리는 장군은 병사를 위해 자신을 하위에 둔다.

〔위(衛)나라 오기(吳起) 장군은 언제나 병사들과 함께 생활했으며 최선으로 병사를 아꼈으니, 다리에 생긴 종기 때문에 괴로워하는 병사를 보자 서슴없이 입으로 고름을 빨아내었다〕.

이야말로 전쟁하지 않고도 승리하는 최선의 덕이라 일컬을 수 있다. 이야말로 사람을 부리는 최선의 무력이라 일컬을 수 있다. 이야말로 천도와 짝지을 수 있는 자고이래 궁극의 도로 일컬을 수 있다.

❀ 풀이

〈중부괘(中孚卦▤)〉는 바람을 상징하는 〈손괘(巽卦☴)〉와 연못을 상징하는 〈태괘(兌卦☱)〉의 조합이다. 중(中)은 마음속, 부(孚)는 믿음으로 사심 없는 진정한 신뢰를 상징한다. 대장부가 지녀야 할 용병술의 방법을 일깨워 준다.

用人 용병(用兵)과 같다. 之 병사. 위(衛)나라~빨아내었다는 구절은 이해를 돕기 위한 고사의 보충이다.

用兵有言. 吾不敢爲主而爲客. 不敢進寸而退尺.
용병유언 오불감위주이위객 불감진촌이퇴척

是謂行無行 攘無臂 扔無敵 執無兵. 禍莫大於輕敵.
시위행무행 양무비 잉무적 집무병 화막대어경적

輕敵幾喪吾寶. 故抗兵相加哀者勝矣.
경적기상오보 고항병상가애자승의

용병이라는 (점괘의) 말은 다음과 같다. "나는 감히 (순리를 거스른 통치자를) 주인으로 삼을 수 없으니, 차라리 문객을 주인으로 삼는데 (사용하겠다). 순리를 거스른 통치자를 위해서 1촌을 나아가느니 차라리 1척을 물러나겠다."

이러한 (점괘야말로) 나아가려 해도 나아갈 (방향이) 없고, 물리치려 해도 팔의 (완력에 해당하는 강력한 쇠뇌가) 없고, 부수려 해도 (패역의 통치자에) 대적할 만한 (세력을 규합할 수) 없고, 집권하려 해도 병기가 없다는 (진퇴양난의 속뜻을 나타낸 말이다).

(용병의 점괘가 나왔을 때는 중용을 견지해야 하며, 중용을 상실한) 화는 용병의 점괘를 경시하여 대적하는 것보다 막대하다. 경시하여 대적하면 그 얼마나 나의 보물인 (『소과괘』의 근본 도를) 상실하는 것이겠는가!

이러한 까닭에 (용병의 점괘는 자의와는 달리) 용병의 상대를 거절하여 (기회가 올 때까지) 비애의 신세에 처하는 자가 결국은 승리한다고 (깨우쳐 주는 점괘이다).

❀ 풀이

〈소과괘(小過卦☳)〉는 우레를 상징하는 〈진괘(震卦☳)〉와 산을 상징하는 〈간괘(艮卦☶)〉의 조합이다. 경거망동하지 말고 기회가 올 때까지 중용을 견지해야 한다는 교훈을 일깨워 준다.

兵 병기로 보아야 執無兵과 통한다. 자신의 능력을 상징한다. 主 패역(悖逆)의 통치자. 客 패역의 통치자가 아닌 통치자로 삼을 만한 문객. 主而爲客 주객전도와 같다. '감히 주인의 입장이 되느니보다는 손님의 입장이 되겠다'로 풀이해도 잘 통한다. 攘 물리치다. 臂 팔 완력. 큰 활의 일종인 쇠뇌의 뜻으로 쓰였다.

扔 깨트리다, 부수다. 敵 대적하다. 吾寶 제67장의 삼보(三寶)의 의미로 보아도 통하기는 하지만 어색하다. 執無兵 의(矣)가 더해져 결과로 보아야 더 잘 통하지만 그대로 풀이해 둔다. 抗 거절하다. 兵相 용병의 상대. 加 증가하다, 처하다. 때를 기다리면서 후일을 기약해야 한다는 뜻과 같다.

吾言甚易知 甚易行 天下莫能知 莫能行. 言有宗 事有君.
오 언 심 이 지　심 이 행　천 하 막 능 지　막 능 행　　언 유 종　사 유 군

夫唯無知 是以我不知. 知我者希 則我者貴. 是以聖被褐懷玉.
부 유 무 지　시 이 아 부 지　　지 아 자 희　즉 아 자 귀　　시 이 성 피 갈 회 옥

　(제69장에 이르기까지 『주역』 도덕에 관한) 나의 말은 매우 쉽게 깨달을
수 있고 매우 쉽게 행동할 수 있는데도 천하에서는 제대로 깨닫거나
행동하는 사람이 없다. (각 장의) 언어는 (백가 사상의) 종지를 소유했
고, 각 장에서 제시한 만사(萬事)는 통치자가 (항상심으로 실천해야 할 도
덕을) 소유했다.

　그런데 (막상 이해되었느냐고 물으면) 대장부는 '예~ 예!'라고 대답은
하면서도 무지하니, 이야말로 나로서는 그 까닭을 알 수 없다. 내가
(설명한 점괘의 도를) 깨닫는 자는 희소하니, (내가 설명한 도를) 깨닫는 사
람이어야 고귀해질 것이다. 이야말로 성인 문왕이 갈옷을 걸쳤으나
『주역』 도덕을 옥처럼 품었던 까닭이다.

❀ 풀이

吾言 제69장까지의 총결을 나타낸다. 제80~81장과 더불어 본 장까지가 『도덕경』의 내용이다.

行 무위의 실천. 宗 근원. 君 통치자, 군자. 有 점유하다, 품다. 唯 '예~예!'라는 대답, 감탄사. 被褐懷玉 갈옷을 입었으나 옥을 품다. 덕 있는 사람이 세상에 알려지지 않으려고 행동하다. 알려지지 않으려 해도 결국은 밝게 드러난다.

2부

후인의 평론

제70장까지가 노자의 주장이며,
제71~79장은 후인의 『도덕경』 평론이라는 점을 알 수 있다.
후인의 평론으로 풀이하지 않으면
제70장 이전의 내용과 모순된다.

知不知 上 不知 知病. 夫唯病病 是以不病.
지부지 상 부지 지병 부유병병 시이불병

聖人不病 以其病病 夫唯病病 是以不病.
성인불병 이기병병 부유병병 시이불병

　(점괘의 예언은) 알아도 모른 척해야 최상이다. 모른 척해야 최상이니 알아서 (맹목으로 따르면) 병이 된다. 대장부는 '예~ 예!' 하며 '병이다! 병이다!'라고 하면서도 (참고만 해야) 이야말로 병이 안 된다.

　(그런데도) 성인(인 체하는 노자는 점괘에 따라) 병이 아닌데도 '병이다! 병이다!'라고 한다. 대장부는 '예~ 예!' 하며 '병이다! 병이다!'라고 하면서도 (단지 참고만 해야) 이야말로 병이 안 될 것이다.

❀ 풀이

知不知 上~不病은 제70장 이전까지 노자의 주장에 대한 후인의 반론이다. 노자의 주장으로 보면 제70장 이전의 주장과 모순된다. 知病의 知는 아는 것이 아니라 『주역』 점괘에 따라 알아서 맹목으로 시행하는 상태를 나타낸다. 不知 知病 사이에 上이 보충되어야 더욱 명확해진다.

제70장 이전은 성인 문왕을 가리키고 본 장 제79장까지는 후인의 평론으로 풀이해 둔다. 聖人 노자로 풀이해 둔다. 경멸의 뜻으로 쓰였다. 제80~81장은 『백서본(帛書本)』에는 제67, 68장에 배치되어 있다. 『백서본』의 배치를 긍정할 만하다.

民不畏威 則大威至. 無狎其所居 無厭其所生.
민 불 외 위 즉 대 위 지 무 압 기 소 거 무 염 기 소 생

夫唯不厭 是以不厭. 是以聖人自知 不自見.
부 유 불 염 시 이 불 염 시 이 성 인 자 지 불 자 현

自愛不自貴. 故去彼取此.
자 애 불 자 귀 고 거 피 취 차

　(『주역』 점괘를 따르면) 백성은 위협을 두려워할 필요가 없어야 하는
데도 곧바로 큰 위험이 따른다. (그런데도) 스스럼을 없앨 정도로 (『주
역』 점이) 점거하고 질림 없이 (믿는 일이) 발생한다. 대장부도 '예~ 예!'
하며 싫어하지 않으니 이야말로 (모두가) 싫어하지 않게 된 것이다.
　(그런데) 이야말로 성인(인 체하는 노자가) 몸소 깨달았다고 하면서도
몸소 (점괘의 결과를) 내보이지 못하는 까닭이다. 몸소 애착하면서도
몸소 귀하게 되지 못한 까닭이다. 이러한 까닭에 나는 『주역』 도를
버리고 다른 도를 취하는 것이다.

❀ 풀이

民不畏威 則大威至 후인이 바라본 현실로 노자의 주장이 아니어야 수미일관한다. 畏 경외하다, 두려워하다. 無狎 익숙함을 없애다, 업신여김을 없애다. 『주역』점괘에 지나치게 의존한다는 말과 같다. 厭 질리다, 싫어하다. 其 제70장까지 노자의 주장을 가리킨다. 見 현으로 읽는다. 드러내다, 보이다. 故去彼取此 노자의 주장을 품평하는 사람.

勇於敢則殺. 勇於不敢則活. 此兩者或利或害.
용 어 감 즉 살   용 어 불 감 즉 활   차 양 자 역 리 역 해

天之所惡 孰知其故. 是以聖人猶難之 天之道不爭而善勝.
천 지 소 오 숙 지 기 고   시 이 성 인 유 난 지 천 지 도 부 쟁 이 선 승

不言而善應 不召而自來. 繟然而善謀. 天網恢恢 疏而不失.
불 언 이 선 응   불 소 이 자 래   천 연 이 선 모   천 망 회 회 소 이 부 실

　용맹으로 과감해야 상대를 죽일 수 있다. 용맹해도 과감하지 못하면 상대를 부활시키는 것이다. 이 두 가지 경우로 나아가는 자에 따라 어떤 나라는 이익을 가져오고 어떤 나라는 해를 당한다. (이러한 행위를) 하늘이 미워한다면 누가 이러한 현실의 까닭을 알고 (설명할 수 있는가)?

　그런데도 성인(인 체하는 노자는) 오히려 꺼릴 일로 여기고 하늘의 이치와 같은『주역』도는 전쟁을 일으키지 않으며 이러한 최선으로 승리한다고 (여긴다). 말없이 최선으로 응하면 소환하지 않아도 절로『주역』도에 의한 때가 도래한다고 여긴다.

　느려도 틀림없는 방법이므로 최선으로 도모할 계책이라고 여긴다. 하늘의 그물은 넓고 넓어서 성근 듯하지만 이러한 도를 유실하는 법이 없다고 여긴다. (현실은 과연 그러한가)?

勇於~其故는 후인의 주장, 是以~不失은 노자의 주장으로 풀이해
둔다. 或 역으로 읽는다. 국(國)과 같다. 불특정의 어떤 나라. 惡 미
워하다. 聖人 노자를 가리킨다. 성인인 체한다는 경멸의 뜻으로 보
아야 수미일관한다. 難 곤란하다, 꺼리다. 김 부르다, 소환하다. 繟
느릿느릿하다. 然 틀림없이 그러하다. 網 그물 벼리, 기강. 恢恢 넓
고 넓다.

民不畏死 奈何以死懼之. 若使民常畏死 而爲奇者.
민 불 외 사 나 하 이 사 구 지 약 사 민 상 외 사 이 위 기 자

吾得執而殺之 孰敢. 常有 司殺者殺.
오 득 집 이 살 지 숙 감 상 유 사 살 자 살

夫代司殺者殺 是謂代大匠斲.
부 대 사 살 자 살 시 위 대 대 장 착

夫代大匠斲者 希有不傷其手矣.
부 대 대 장 착 자 희 유 불 상 기 수 의

(『주역』 점괘대로만 따르면) 백성은 죽음을 두려워할 필요가 없는데도 (현실은) 어찌하여 죽음으로 내몰며 백성을 두렵게 하는가? 점괘는 백성을 사역하여 항상 죽음에 떨게 하는 일과 같으니, 그렇다면 점괘에 따라 백성을 위하라는 노자는 기괴한 주장을 하는 자일 뿐이다.

내가 『주역』 도를 체득하여 집행하면서도 백성을 죽이는 일이 발생하는데, 누가 감히 집행할 수 있겠는가! 나도 항상 『주역』 도를 소유하지만 죽여야 할 자의 직무를 맡았으니 죽인다. 대장부가 나를 대신할 수 있다면 죽일 자의 임무를 맡겨 죽이게 하겠다.

이야말로 나를 대신한 장인이 모난 것을 둥글게 깎아낸 작업이라 여길 수 있을 것이다. 대장부가 위대한 장인을 대신하여 (병폐를) 깎아낼 수 있는 자라면 (살인의 도를) 희망하여 소유해도 그의 손을 다치게 하지 않을 것이다.

❀ 풀이

吾得執而殺之로 미루어 보아 제71~79장까지의 평론은 노자의 설법을 들은 군주이거나 『도덕경』을 접한 후대의 군주로 추측된다. 之 백성. 奈何 어찌. 懼 두려워하다. 爲 제70장 이전까지 노자가 주장한 『주역』도. 吾 노자의 주장에 반대하는 사람. 奇者 노자 또는 『주역』에 통달한 사람. 노자로 풀이해 둔다. 司 살피다, 직무를 맡다. 斲 파고착조(破瓠斲雕)로 풀이해 둔다. 모난 것을 둥글게 하고 복잡한 것을 간단히 하다. 가혹한 형벌을 없애고 복잡한 규칙을 고치다. 有 살인할 수 있는 도의 소유.

民之饑 以其上食稅之多 是以饑.
민 지 기　이 기 상 식 세 지 다　시 이 기

民之難 治以其上之有爲 是以難治.
민 지 난　치 이 기 상 지 유 위　시 이 난 치

民之輕死 以其求生之厚 是以輕死.
민 지 경 사　이 기 구 생 지 후　시 이 경 사

夫唯無 以生爲者 是賢於貴生.
부 유 무　이 생 위 자　시 현 어 귀 생

　백성이 굶주려도 그 상층부가 세금을 과다하게 포식하게 하니, 이야말로 (결국은) 모두가 굶주리게 될 것이다. 백성의 사정이 곤란해도 통치자는 상층부의 소유로써 (백성을) 위하니 이야말로 결국은 통치자를 곤란하게 할 것이다.

　백성이 가벼이 죽임을 당해도 통치자는 이로써 자신의 생을 구하는 후덕함으로 삼으니, 이 같은 행위야말로 자신도 가벼이 죽임을 당할 것이다.

　대장부는 '예~ 예!' 하며 (이와 같은 욕심을) 없애야 하며 이러한 삶으로 백성을 위하는 자여야 하니, 이러한 현명함은 고귀한 삶보다 낫다는 (노자의 주장에는 동의한다).

노자의 주장과 크게 다르지 않다. 饑 굶주리다. 食 포식하다. 治/
以其上之有/爲로 풀이해 둔다. 難 어렵다, 곤란하다, 꺼리다. 治 통
치자. 輕 가벼이 여기다. 無 상층부만을 위하는 통치행위를 없애는
일. 爲者 백성을 위하는 자.

人之生也柔弱 其死也堅强. 草木之生也柔脆 其死也枯槁.
인 지 생 야 유 약　기 사 야 견 강　초 목 지 생 야 유 취　기 사 야 고 고

故堅强者 死之徒 柔弱者 生之徒.
고 견 강 자　사 지 도　유 약 자　생 지 도

是以兵强則滅 木强則折. 强大處下 柔弱處上.
시 이 병 강 즉 멸　목 강 즉 절　강 대 처 하　유 약 처 상

　사람의 생명이란 유약하며, 죽음에는 억세고 강한 힘이 작용한다.
초목의 생명이란 부드럽고도 취약하며 죽음에는 시들고 마름이 관
여한다.

　그러므로 억세고 강한 자는 죽음을 부르는 무리와 같고, 유약한
자는 살려고 하는 무리에 불과하다.

　그러므로 병기가 강해야만 (상대를) 섬멸할 수 있고 대목처럼 강해
야만 (상대를) 꺾을 수 있다.

　강대해도 하위에 처하고 유약해도 상위에 처할 수 있다고 (노자는
주장하지만, 과연 현실은 그러한가)?

✿ 풀이

人之生也~木强則折은 후인의 반론, 强大處下 柔弱處上은 노자의 주장으로 보아야 수미일관한다. 전체가 노자의 주장이라면 제70장 이전의 주장과 모순이다.

堅强 억세고 강하다. 柔脆 연하고 무르다. 枯槁 시들다, 초목이 말라 죽다. 滅 섬멸하다, 멸망시키다. 折 꺾다.

天之道其猶張弓與. 高者抑之 下者擧之.
천 지 도 기 유 장 궁 여   고 자 억 지 하 자 거 지

有餘者損之 不足者補之.
유 여 자 손 지 부 족 자 보 지

天之道 損有餘而補不足.
천 지 도 손 유 여 이 보 부 족

人之道 則不然 損不足以奉有餘.
인 지 도 즉 불 연 손 부 족 이 봉 유 여

孰能有餘以奉天下. 唯有道者.
숙 능 유 여 이 봉 천 하   유 유 도 자

是以聖人爲而不恃 功成而不處. 其不欲見賢邪.
시 이 성 인 위 이 불 시 공 성 이 불 처   기 불 욕 현 현 야

천도와 같은 『주역』도는 마치 활을 당기는 것과 같도다. 고귀한 자라면 그를 억제하고 하급자라면 그를 천거해 준다. 여유 있는 자라면 그가 가진 것을 덜게 하고, 부족한 자라면 그를 보조해 준다. 천도와 같은 『주역』도는 여유 있는 자의 것을 덜어서 부족한 자를 보충해 주는 것과 같다.

타인의 도는 그렇지 않으니 (오히려) 부족한 자의 것을 덜어 여유 있는 자를 받들게 한다.

(그렇다면) 누가 능히 그러한 여유로 천하를 받들게 할 수 있겠는가! '예~ 예!' (공손히 대답하며) 『주역』도를 소유한 자이다. 그러므로

성인 문왕은 백성을 위하기만 하고 소유하지 않았으며, 공이 이루어
져도 누리지 않았다.

(이상이 노자의 주장이지만) 욕심이 없었다면 현명함을 드러내었겠는
가? (과연 그러했는지 의문이다).

✳ 풀이

활을 당기는 예로써 증감을 논한 평론은 상황에 잘 맞지 않는다.
邪가 풀이의 핵심이다. 야로 읽는다. 반문의 어조사 邪가 없는 판본
도 있으나 반드시 들어가야 한다. 天之道~功成而不處는 노자의 주
장, 其不欲見賢邪는 후인의 의문이다.

天之道 천도와 같은 『주역』도. 與 어조사. 損 덜어 주다. 奉 받들
다. 唯 '예~ 예!' 공손한 대답. 恃 지(持)와 같다. 處 처하다, 누리다.
見 현으로 읽는다. 드러내다. 賢 어질다, 현명하다.

天下莫柔弱於水而攻 堅强者莫之 能勝.
천 하 막 유 약 어 수 이 공 견 강 자 막 지 능 승

以其無以易之. 弱之勝强 柔之勝剛 天下莫不知莫能行.
이 기 무 이 이 지　약 지 승 강 유 지 승 강 천 하 막 부 지 막 능 행

是以聖人云. 受國之垢是謂社稷主.
시 이 성 인 운　수 국 지 구 시 위 사 직 주

受國不祥是爲天下王. 正言若反.
수 국 불 상 시 위 천 하 왕　정 언 약 반

　천하에서 물보다 부드러운 (치국은) 없다면서도 공격하여, 억세고 강한 자들은 물의 성질을 없애고도 능히 승리한다. 이로 미루어 보면 물과 같은 부드러움이 없어야만 더 쉽게 승리할 수 있을 것이다.

　(그런데도 노자는 다음과 같이 말한다.) '물과 같이 유약해야 강함을 이기고 물과 같이 유약해야 억셈을 이긴다.' (이러한 노자의 주장은 널리 퍼져) 천하에서 모르는 사람이 없는데도 능히 실행하려는 사람이 없다.

　그런데도 성인(인 체하는 노자)는 다음과 같이 말한다. "나라의 더럽고 어지러운 상황을 (강물처럼) 수용할 수 있어야 사직의 주인이라 일컬을 수 있다. 나라의 상서롭지 못한 일을 강물처럼 수용할 수 있어야 천하를 위한 왕이 될 수 있다." 말이야 옳지만 (현실은) 반대인 것 같다.

❀ 풀이

天下莫不知 莫能行 제70장의 천하에서는 제대로 깨닫거나 행동하는 사람이 없다(天下莫能知 莫能行)는 반론이다. 전체가 노자의 주장이라면 제8장의 상선약수(上善若水) 주장과 모순이다.

之 물의 성질. 柔弱 물과 같은 성질의 치국. 堅强 억세고 강하다. 부정으로 쓰였다. 剛 억세다. 부정으로 쓰였다. 弱之勝强 柔之勝剛 앞에 是以聖人云이 보충되어야 한다. 垢 구란(垢亂)과 같다. 더럽고 어지럽다.

聖人 노자를 가리킨다. 경멸의 뜻이다. 다만 노자는 위기 극복을 주장했을 뿐 공격을 주장한 적이 없으므로 '而攻'은 노자를 잘못 이해한 것이며, 또한 후인의 비판이라는 유력한 근거로 삼을 수 있다.

和大怨必有餘怨 安可以爲善.
화 대 원 필 유 여 원　안 가 이 위 선

是以聖人執左契 而不責於人.
시 이 성 인 집 좌 계　이 불 책 어 인

有德司契 無德司徹. 天道無親常與善人.
유 덕 사 계　무 덕 사 철　천 도 무 친 상 여 선 인

큰 원한을 화해해도 반드시 남은 원한으로 (복수의 칼날을 소유하니) 어찌 선정할 수 있겠는가!

그런데도 성인(인 체하는 노자는 『주역』의) 문자를 쥐고 타인을 책망해서는 안 된다고 한다. 덕을 소유한 통치자는 『주역』도로 직무를 맡으며 덕 없는 통치자는 『주역』도의 제거로 직무를 맡는다고 한다.

(덕 없는 통치자와) 천도는 친할 수 없으니 『주역』도를 상용하여 선정하는 사람에게 (천하라는 기물이) 수여될 것이라고 한다. (과연 현실은 그러한가)?

❊ 풀이

和大~爲善은 후인의 주장, 是以~善人은 노자의 주장으로 보아야 수미일관한다. 司 살피다, 직무를 맡다. 徹 철거(撤去)와 같다. 『주역』도에 따르지 않을 구실, 핑계. 執 잡다, 쥐다. 左 좌(佐)와 같다. 보좌. 契 서계(書契)와 같다. 대나무 귀갑 등에 새긴 문자. 『주역』의 문자로 풀이해 둔다.

安可以爲善 다음에 원수는 덕으로 갚아야 한다(報怨以德)는 내용이 빠졌다는 주장은 긍정하지만 그대로 풀이해 둔다.

3부

제67, 68장에 배치되어야 할 장

『왕필본』의 제80, 81장은 『백서본(帛書本)』에는
제67, 68장에 배열되어 있다. 『주역』 점괘의 설명이라는 전제하에서는
『백서본』의 배열을 긍정할 수 있다.

小國寡民 使有什伯之器而不用 使民重死而不遠徙.
소 국 과 민 사 유 십 백 지 기 이 불 용 사 민 중 사 이 불 원 사

雖有舟輿無所乘之. 雖有甲兵無所陳之. 使民復結繩而用之.
수 유 주 여 무 소 승 지 수 유 갑 병 무 소 진 지 사 민 복 결 승 이 용 지

甘其食 美其服 安其居 樂其俗.
감 기 식 미 기 복 안 기 거 락 기 속

隣國相望 鷄犬之聲相聞 民至老死不相往來.
인 국 상 망 계 견 지 성 상 문 민 지 로 사 불 상 왕 래

　약소국에 적은 숫자의 백성은 사역하며 제아무리 열 배, 백 배의 기물을 소유한들 소용이 없다. (세금으로 탈취당하기 때문이다). 사역하는 백성은 죽음에 직면해도 멀리 이사할 수도 없다. (약소국의 통치자는) 설령 배와 수레를 소유한들 타고 나갈 곳이 없다. 설령 갑옷과 병기를 소유한들 진열할 장소가 없다. (그런데도 약소국 통치자조차) 백성을 부리며 반복하여 끈으로 묶은 듯 백성을 이용한다.

　(무위의 도로써 치국해야) 그 음식을 달게 해 주고 의복을 아름답게 해 주고 거처를 편안하게 해 주고 풍속을 즐기게 해 줄 수 있다. (이러한 상태는) 이웃 나라도 서로 소망하는 바여서 무위의 도로써 치국하면 닭울음과 개 짖는 소리는 서로 듣는 거리지만 백성은 늙어 죽을 때까지 서로 왕래할 필요를 느끼지 못할 것이다.

⊛ 풀이

『백서본(帛書本)』에는 67장에 배치되어 있다. 타당한 배치로 긍정할 수 있다. 노자의 주장이다. 小國寡民 나라의 영토를 축소하고 백성의 숫자를 적게 한다고 풀이하면 아래 문장과 수미일관하지 않는다.

什伯 제아무리, 열 배, 백 배. 器 기물, 백성의 소유물. 徙 이사(移徙)와 같다. 이사하다. 重 직면하다, 중압당하다. 結繩 끈으로 묶다. 부정으로 풀이해 둔다. 復結繩 서로를 속박하지 않는 결승의 시대로 보아도 통할 수는 있다.

결승의 시대로 돌아가야 한다는 말의 속뜻은 경멸에 가깝다. 현존의 사회 모순이 극에 달했으므로 이럴 바에야 원시시대의 대동 사회로 돌아가는 것이 오히려 낫겠다는 뜻이지, 결코 원시시대로의 귀착을 의미하지는 않는다.

노자는 결코 강대국의 넓은 영토와 많은 백성의 소유를 부정하지 않았다. 강대국이 된 후에도 대동 사회의 지속 가능한 방법으로는 통치자의 무위(無爲) 정치가 우선이라는 것이『주역』도를 바탕으로 삼은『도덕경』의 핵심 사상이다.

信言不美. 美言不信. 善者不辯. 辯者不善.
신언불미　미언불신　선자불변　변자불선

知者不博. 博者不知. 聖人不積. 旣以爲人己愈有.
지자불박　박자부지　성인부적　기이위인기유유

旣以與人己愈多. 天之道利而不害. 聖人之道爲而不爭.
기이여인기유다　천지도리이불해　성인지도위이부쟁

(『주역』도는) 신용할 언어지만 미사여구는 아니다. 미사여구의 말이라면 불신당했을 것이다.『주역』도로 선정하는 자라면 변명하지 않는다. 변명하는 자라면 선정하는 자가 아니다.『주역』도를 지각한 자라면 영토를 넓히려 하지 않는다. 넓히려 하는 자는『주역』도를 깨닫지 못한 자이다.

성인 문왕은『주역』의 점괘를 깨달아 사적 욕망을 축적하지 않았다. 처음부터 타인을 위했는데 자신이 점점 더 소유하게 되었다. 처음부터 여민동락(與民同樂)했는데 점점 더 자신의 즐거움이 많아졌다.

하늘이 내린『주역』도는 이익만 될 뿐 해를 끼치지 않는다. 성인 문왕이 행한『주역』도는 위하기만 할 뿐 전쟁을 일으키지 않는다.

❀ 풀이

제80장과 더불어 후인의 평론이 아니라 노자의 주장이다. 『백서본(帛书本)』에는 제68장에 배치되어 있다. 타당한 배치로 긍정할 수 있다.

博 넓다, 넓히다. 辯 이리저리 둘러대는 말, 변명하다. 既 원래 처음부터 그러는 동안에. 愈 점점 더, 갈수록.